中华精神家园

科技回眸

地理探究

地学历史与地理科技

肖东发 主编　刘文英 编著

中国出版集团

现代出版社

图书在版编目（CIP）数据

地理探究 / 刘文英编著. — 北京：现代出版社，
2014.10（2019.1重印）
（中华精神家园书系）
ISBN 978-7-5143-2988-9

Ⅰ. ①地… Ⅱ. ①刘… Ⅲ. ①地理学史－中国－古代
Ⅳ. ①K90-092

中国版本图书馆CIP数据核字(2014)第236380号

地理探究：地学历史与地理科技

主　　编：肖东发
作　　者：刘文英
责任编辑：王敬一
出版发行：现代出版社
通信地址：北京市定安门外安华里504号
邮政编码：100011
电　　话：010-64267325　64245264（传真）
网　　址：www.1980xd.com
电子邮箱：xiandai@cnpitc.com.cn
印　　刷：固安县云鼎印刷有限公司
开　　本：710mm×1000mm　1/16
印　　张：9.75
版　　次：2015年4月第1版　　2021年3月第4次印刷
书　　号：ISBN 978-7-5143-2988-9
定　　价：29.80元

党的十八大报告指出："文化是民族的血脉，是人民的精神家园。全面建成小康社会，实现中华民族伟大复兴，必须推动社会主义文化大发展大繁荣，兴起社会主义文化建设新高潮，提高国家文化软实力，发挥文化引领风尚、教育人民、服务社会、推动发展的作用。"

我国经过改革开放的历程，推进了民族振兴、国家富强、人民幸福的中国梦，推进了伟大复兴的历史进程。文化是立国之根，实现中国梦也是我国文化实现伟大复兴的过程，并最终体现为文化的发展繁荣。习近平指出，博大精深的中国优秀传统文化是我们在世界文化激荡中站稳脚跟的根基。中华文化源远流长，积淀着中华民族最深层的精神追求，代表着中华民族独特的精神标识，为中华民族生生不息、发展壮大提供了丰厚滋养。我们要认识中华文化的独特创造、价值理念、鲜明特色，增强文化自信和价值自信。

如今，我们正处在改革开放攻坚和经济发展的转型时期，面对世界各国形形色色的文化现象，面对各种眼花缭乱的现代传媒，我们要坚持文化自信，古为今用、洋为中用、推陈出新，有鉴别地加以对待，有扬弃地予以继承，传承和升华中华优秀传统文化，发展中国特色社会主义文化，增强国家文化软实力。

浩浩历史长河，熊熊文明薪火，中华文化源远流长，滚滚黄河、滔滔长江，是最直接的源头，这两大文化浪涛经过千百年冲刷洗礼和不断交流、融合以及沉淀，最终形成了求同存异、兼收并蓄的辉煌灿烂的中华文明，也是世界上唯一绵延不绝而从没中断的古老文化，并始终充满了生机与活力。

中华文化曾是东方文化摇篮，也是推动世界文明不断前行的动力之一。早在500年前，中华文化的四大发明催生了欧洲文艺复兴运动和地理大发现。中国四大发明先后传到西方，对于促进西方工业社会的形成和发展，曾起到了重要作用。

　　中华文化的力量，已经深深熔铸到我们的生命力、创造力和凝聚力中，是我们民族的基因。中华民族的精神，也已深深植根于绵延数千年的优秀文化传统之中，是我们的精神家园。

　　总之，中华文化博大精深，是中国各族人民五千年来创造、传承下来的物质文明和精神文明的总和，其内容包罗万象，浩若星汉，具有很强的文化纵深，蕴含丰富宝藏。我们要实现中华文化伟大复兴，首先要站在传统文化前沿，薪火相传，一脉相承，弘扬和发展五千年来优秀的、光明的、先进的、科学的、文明的和自豪的文化现象，融合古今中外一切文化精华，构建具有中国特色的现代民族文化，向世界和未来展示中华民族的文化力量、文化价值、文化形态与文化风采。

　　为此，在有关专家指导下，我们收集整理了大量古今资料和最新研究成果，特别编撰了本套大型书系。主要包括独具特色的语言文字、浩如烟海的文化典籍、名扬世界的科技工艺、异彩纷呈的文学艺术、充满智慧的中国哲学、完备而深刻的伦理道德、古风古韵的建筑遗存、深具内涵的自然名胜、悠久传承的历史文明，还有各具特色又相互交融的地域文化和民族文化等，充分显示了中华民族的厚重文化底蕴和强大民族凝聚力，具有极强的系统性、广博性和规模性。

　　本套书系的特点是全景展现，纵横捭阖，内容采取讲故事的方式进行叙述，语言通俗，明白晓畅，图文并茂，形象直观，古风古韵，格调高雅，具有很强的可读性、欣赏性、知识性和延伸性，能够让广大读者全面接触和感受中国文化的丰富内涵，增强中华儿女民族自尊心和文化自豪感，并能很好继承和弘扬中国文化，创造未来中国特色的先进民族文化。

青东风

2014年4月18日

九州探险——考察与发现

山河丈量——测量与绘图

记载天下——记载与研究

考察与发现

我国古代曾开辟了陆路新途，也曾拥有过海上的辉煌，在人类地理考察与发现历史上书写了壮丽的篇章。

汉代张骞的西域之旅和后继者的进一步探索，打开了连接西域、中亚及西亚以至南欧的国际通道，丝绸之路从此名扬世界。

西行佛国的法显和玄奘、西游万里的耶律楚材和丘处机，他们的记述使古人的地理视野得到开阔。元代马可·波罗的游记引起了欧洲人对东方的向往，而郑和开辟的新航线，为世界航海事业做出了巨大的贡献。

张骞探险开辟对外新路

■张骞雕像

汉代时将甘肃至玉门关和阳关以西，包括新疆和葱岭以西地区称为"西域"。西汉时期由张骞首次打通通往西域的路线，成为了后来名扬世界的"丝绸之路"。

丝绸之路的地理环境异常险恶，然而，我们的先民并没有因为不利的地理条件而将之视为畏途，而是通过张骞等人的"凿空之旅"和后继者的进一步探索，打开了西域、中亚及西亚以至南欧的国际通道。

汉代4个朝代，都对西域的游牧民族——匈奴采取和亲政策，至汉武帝时，国力充沛，极欲讨伐匈奴，一雪数十年来和亲的耻辱。汉武帝为实行东西夹击匈奴的战略，先后两次派张骞去西域。

■张骞去西域雕塑

公元前139年，张骞率领100余人从陇西出发，向西域进发。在西行途中，被匈奴俘获，被扣留10年。后来匈奴内乱，张骞才得以脱身，西至大宛。

当时大月氏已臣服于匈奴，无复仇之意，联合事不得要领，张骞居岁余而归。在归途中经过羌中，又被匈奴俘获，扣留了一年多，其后张骞乘匈奴内乱回到长安。

公元前119年，匈奴为汉军所打败，汉武帝再命张骞去西域。

张骞率一行300人，带备金银、玉帛至乌孙，想说服乌孙与朝廷联合，借此牵制匈奴。但因乌孙不知汉朝虚实，又臣服匈奴已久，故不敢与匈奴为敌。

陇西 古代在地理方位上指称陇山，即六盘山以西的地方。又称"陇右"。古人以西为右。陇右在很多情况下也指甘肃。公元前280年，秦穆公在今天甘肃省天水、甘谷、武山、岷县、陇西、临洮等地设陇西郡，后为天下三十六郡之一。陇西郡是甘肃最早的行政建制。

■ 西域要塞——阳关遗址

雅丹地貌 指干旱地区古河湖泊土状堆积物被风吹蚀、形态多姿的土丘。它是一种典型的风蚀地貌。罗布泊区域有些雅丹地貌的沟深度可达10余米，长度由数十米至数百米不等，走向与主风向一致，沟槽内常有沙子堆积。在垅脊顶部常有白色盐壳，又称"白龙堆"。

后来乌孙及其他各地派人随同张骞回长安。西域各地也派人陆续来到汉都长安。乌孙目睹汉朝殷实，遂与汉朝结盟。

张骞去西域所经过的路线，主要是我国和欧洲之间的内陆亚洲地区。

在这条路线上，地理特征是气候异常干燥，降雨量极其稀少。其间有号称"世界屋脊"的帕米尔高原，以帕米尔高原为中心，向四周延续出喜马拉雅山、昆仑山、喀喇昆仑山、天山、阿尔泰山、阿赖山、兴都库什山等山脉，冰峰峡谷，行走艰难。

这条路线的另一富有特色的地貌和景观是沙漠和戈壁。如新疆的塔克拉玛干大沙漠、里海东部的卡拉库姆沙漠、伊朗的卡维尔沙漠等，对于行旅来说，更是一段干渴难行的艰苦旅程。

此外，由盐壳沉积而形成的崎岖起伏、犬牙交错的雅丹地貌，也是一个重要的地理障碍。

唐代诗人杨师道在《陇头水》中所描写的"映雪

峰犹暗，乘冰马屡惊"，还有唐代诗人岑参在《过酒泉忆杜陵别业》中所描写的"黄沙西际海，白草北连天"，正是这些地理景观的生动写照。

而唐代西行取经僧人玄奘在《大慈恩寺三藏法师传》所描写的"上无飞鸟，下无走兽，复无水草"，则是亲履其地的感受。

面对这样的地理环境，张骞先后两次去西域，勇敢面对艰险，表现出了超人的智慧和胆识。

张骞在留居匈奴期间，西域的形势发生了变化。张骞脱身之后，带领大汉使团经车师时没有向西北伊犁河流域进发，而是折向西南，进入焉耆。再沿塔里木河西行，过库车、疏勒等地，翻越葱岭，直达大宛。路上经过了异常艰苦的跋涉。

这是一次极为艰苦的行军。

大戈壁滩上，飞沙走石，热浪滚滚；葱岭高如屋脊，冰雪皑皑，寒风刺骨。沿途人烟稀少，水源奇缺。加之匆匆出行，物资准备又不足。

■张骞到达西域蜡像

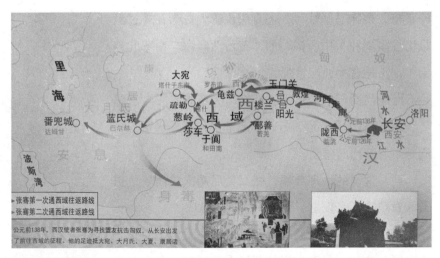

■ 张骞去西域考察
路线图

班超（32年~102
年），汉代扶风
平陵人，位于现
在的陕西省咸阳
东北。东汉时期著
名的军事家和外交
家。班超为人胸
有大志，口齿辩
给，博览群书，
能够权衡轻重，
审察事理。他曾
出使西域，为平
定西域，促进民
族的大融合做出
了巨大贡献。班
超死后葬于洛阳
邙山之上。

张骞一行，风餐露宿，备尝艰辛。干粮吃尽了，就靠擅长狩猎的堂邑父射杀禽兽用以充饥。不少随从或因饥渴倒毙途中，或葬身黄沙、冰窟，献出了自己宝贵的生命。

张骞第一次去西域，既是一次极为艰险的外交旅行，同时也是一次卓有成效的科学考察。他对广阔的西域进行了实地的调查研究工作，不仅亲自访问了地处新疆的各小国和中亚的大宛、康居、大月氏和大夏诸国，而且从这些地方又初步了解到乌孙、奄蔡、安息、条支、身毒等地的许多情况。

返回长安后，张骞将其见闻向汉武帝做了详细报告，对葱岭东西、中亚、西亚以至安息、印度诸国的位置、特产、人口、城市、兵力等状况都做了说明。

这个报告的基本内容为西汉史学家司马迁在《史记·大宛传》中保存下来。这是我国对于这些地区第一次最翔实可靠的记载。至今仍是世界上研究上述地区和国家的古地理历史的最珍贵的资料。

张骞第二次去西域时，曾经分别派人到了大宛、康居、月氏、大夏等地。此后，汉代朝廷派出的使者沿着张骞开辟的路线还到过安息、身毒、奄蔡、条支、犁轩等地。

■张骞归来图

汉都长安人还受到安息专门组织的2万人的盛大欢迎，安息等地的人也不断来长安进行贸易往来。

张骞通使西域，使我国当时的影响直达葱岭东西。

后来的班超再度西行，正是沿着张骞的足迹，走出了誉满全球的"丝绸之路"。自此，不仅打通了中原与西域的交通孔道，而且我国同中亚、西亚以至南欧的直接交往也建立和密切起来。

汉通西域，虽然起初是出于军事目的，但西域开通以后，它的影响远远超出了军事范围。张骞具有地理探险意义的"凿空"之功，名垂青史。

阅读链接

张骞在第一次去西域穿过河西走廊时，被匈奴的骑兵队抓获，并被送到匈奴王庭见军臣单于。

匈奴单于为软化、拉拢张骞，打消其去月氏的念头，进行了种种威逼利诱，还让张骞娶了匈奴的女子为妻，生了孩子。但张骞始终没有忘记汉武帝交给自己的神圣使命，没有动摇为汉朝通使月氏的意志和决心。张骞等人在匈奴一直留居了10年之久。

后来敌人的监视渐渐有所松弛。一天，张骞趁匈奴人不备，果断地离开妻儿，带领其随从，逃出了匈奴王庭。

法显西行带回地理见闻

东晋时期曾出现了一位著名的地理学家，他就是晋僧法显。他是我国古代历史上著名的旅行家、地理考察家、翻译家、著作家。在我国佛教史、留学史和旅行史上都占有重要地位。

法显于399年从长安出发，渡沙漠，越昆仑，到中亚，再向东南，途经当时西域和中亚诸国，历时15年，归国后写出了流传至今的《佛国记》。他是对我国佛教以及世界文化都做出了重大贡献的一个伟大的中国人。

■法显雕像

法显俗姓龚，3岁出家，20岁受具足戒。

399年，60多岁高龄的法显，约同慧景、道整、慧应、慧嵬等僧人，由长安出发，取道河西走廊，行到张掖。适逢张掖大乱，道路不通，张掖王殷勤挽留，竭诚护持供养他，因而在此结夏安居。

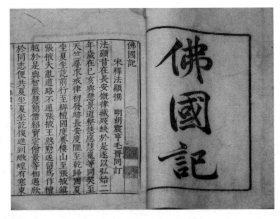

■ 法显作品

在张掖期间，一行人又加入了智严、慧简、僧绍、宝云、僧景等人，彼此结伴，向西前进至敦煌。

敦煌位于河西走廊的最西端，一出敦煌，就是一片广阔无垠的沙漠，幸而当时有太守李浩供给穿越沙漠的资粮，法显等人于是就与智严、宝云等分别随使先行。

沙漠之中，气候酷热，多恶风，沿途所经，上无飞鸟，下无走兽，遍目所及，茫然一片，只凭偶尔见到的枯骨为标志。

在杳无人烟的沙漠中行走，实为艰难困苦，一行几人走了一个多月后，终于到达于阗国。此地物产丰饶，人民信仰大乘佛法，法显等人因而受到了优厚的礼遇。

不久，慧景、道整随着慧达先出发前往竭叉国，法显等人则滞留在于阗国3个月，主要是为了观看从4月1日至14日的行像盛会。结束后，僧绍独自一人随

行像 一种宗教仪式。即把佛像安置在装饰性的花车上，众人随其巡行瞻仰、膜拜，此间伴有舞蹈、杂戏的演出。法显旅行印度时，在西域和印度都曾亲眼见过行像。

结夏安居 安居又称"夏安居""雨安居""坐夏""夏坐""结夏""九旬禁足""结制安居"。佛陀在雨季聚居一处精进修行，称为"安居"。安居的地点不一定，小屋、树下、山窟、聚落等处皆可，不过，不可在危险、没有救护的地方安居。

法显取经路线图

公元401年

公元400年

法显于公元412年7月14日回到了牢山。

公元402年6—8月

公元403年

公元399年

法显于公元413年7月到了建康，在此写成了《佛国记》一书及翻译了《大般泥洹经》等六部佛经。

天

竺

法显于公元405-407年在此停留三年的时间，学习经典，拜访名僧。

南 海

狮子国

法显于公元410-411年8月曾在狮子国停留。

法显于公元411年11月—412年4月曾在耶婆提国停留。

耶婆提

■ 法显取经路线图

地理探究

地学历史与地理科技

只洹精舍 1908年，杨文会在南京创办的我国近代史上第一所新式佛教教育机构。只洹精舍在金陵刻经处开学。两年之后，由于经费缺乏，精舍停办。虽办学短暂，但它为现代佛教教育创造了一个新的方向，对近代佛教的发展产生了深远的影响。

胡僧到罽宾，法显等人则经子合国，南行入葱岭，到达麾国过夏。

其后，法显等人再翻山越岭，经过了25天，到达与印度接境的竭叉国，与慧景等人会合，并参加国王所举行的5年大施会。

402年，法显等人向北印度前进，越过葱岭。途中地势惊险，又经年飘雪，当地人称之为"雪山"。

到北印度境内的阮历国后，一行人又沿着葱岭向西南行，山路崎岖，千仞石壁，万丈绝崖。法显等人战战兢兢地攀过了700多座简陋艰险的梯道，踏踩绳桥，越印度河，到达乌苌国，在此宿营安居。

然后南下，历宿呵多国、犍陀卫国、竺刹尸罗国，到弗楼沙国。其间，僧景、宝云随慧达回国，慧应在此病故。法显独自前往那竭国，与慧景、道整会合，并在这里度过寒冷的冬天。

405年，法显再回到巴连弗邑，广为搜求经律。当时的北印度诸国皆用口传，并无经本可抄写，因此法显再到中印度，在城邑的摩诃僧伽蓝取得《摩诃僧只律》。

据说，这就是后来只洹精舍所传的律本，18部律由其衍生而出，是佛陀在世时大众所共同奉行的法规。

此外，他又得到《萨婆多部钞律》七千偈、《杂阿毗昙心论》六千偈、《綖经》2500偈、《方等般泥洹经》五千偈及《摩诃僧祇阿毗昙》等梵本。

法显在印度停留期间，用心学习梵文与梵语，抄得经律等，达成他入印度求经律的目的与愿望。

同行的道整，远来印度的本意虽然是在求得戒律，但目睹僧团的法则及众僧的威仪严正，深受感动，因而决定留住于此。法显则坚持要把戒律流通到汉土，只好独自一人回国。

法显沿着恒河东下，经瞻波国，于408年到达东印度的印多摩利帝

■法显取经雕塑

■法显纪念雕像

国，停留两年之后，法显前往狮子国。在狮子国停留两年，得到《弥沙塞律》及《长阿含经》《杂阿含经》及《杂藏经》等梵本各一部。

411年，法显搭乘载有200余人的商船泛海东行归国，遇风漂泊9天至耶婆提国，在那里住了5月有余。

412年，法显再搭乘贸易商船，航向广州，又遇暴风，经80余天，才到达长广郡界的崂山。法显登陆后，青州太守李嶷遣使迎请法显到郡城，热情款待，法显在此住了一冬一夏。

法显从长安出发时，已经是六十岁左右的耳顺之年，一路西行，经6年到达印度中部，停留6年，归程经狮子国等地，又经历3年才回到青州，前后已经过了15年，游历30国。

413年，法显到达京都建康，在道场寺与佛陀跋陀罗从事翻译，前后译出《摩诃僧祇律》40卷、《僧祇比丘戒本》1卷、《僧祇尼戒本》1卷、《大般泥洹经》6卷、《杂藏经》1卷、《杂阿毗昙心论》13卷等，共计百万余言。

法显凭借自己15年的旅途见闻和思考，在归国后写成了《佛国记》一书。此书以其优美简洁的文字记述了中亚和印度等地的地理、风俗人情、历史、佛教等情况。其中有许多关于当时域外地理的新认识、新记录。

耳顺之年 耳顺的意思是听得进不同的意见或是能够清楚理解听到的话。今指人到了六十岁的年龄。语出自《论语·为政篇》：孔子认为自己十五岁时立志，三十岁能自立于世，四十岁时遇事不迷惑，五十岁时懂得天命，六十岁能听得进不同的意见，七十岁能达到顺着自己的心愿做事。

比如关于于阗、葱岭至北印度一带的地理描述，法显在《佛国记》中，比较详细地记述了帕米尔高原及印度河上游地区的地理形势、河流、物产等情况。

再如关于锡兰岛的认识和记述，《佛国记》准确描述了锡兰岛与周围的岛屿分布，以及岛上的气候特点、景观状况和农业生产习俗，给人以清晰的热带国家印象。

关于印度河流域的地形大势，法显也有认识和记述，他写道："新头河，两岸皆平地。"又说："自新头河至南天竺印度南部，迄于南海，四五万里，皆平坦无大山川。"

不过，这里的四五万里显然有些夸大，"无大山川"也不尽符合事实。

但无论如何，法显的这次旅行和带回的地理见闻，丰富了当时我国对中亚、南亚地区的地理认识。尤其是保存至今的《佛国记》，更是我国乃至世界上最古老的游记之一。

阅读链接

有一天，法显前往中印度王舍城附近一个山寺拜谒，当地僧人告诉他近来山上有狮子经常吃人，但法显不畏难惧险毅然前往。

法显上山后，果然有几只狮子将他围住。不料狮子围住他转了两圈，不但没有吃他，反而伏卧在法显足跟前。

法显手摩其顶说："你若害我，请等我诵经完毕。如不害我，就请远去。"

狮子伏卧良久，然后昂头张口，以舌卷唇，徐徐远去。

陪同法显的当地僧人早已畏惧爬树，目睹这个全过程，俱皆惊奇，当地居民也皆惊异。

玄奘西行考察编写《西域记》

玄奘是唐代初期著名的佛教学者和旅行家。他西行取经，历经了无数艰难险阻，以顽强的意志，完成了世界史上一次伟大的旅行壮举。回到长安后，他口述的《西域记》是关于我国西北部边疆地区和中亚、南亚的重要地理著作。

《西域记》对地理知识的发展和传播，对促进当时的中外交流，都做出了重大贡献。

■唐僧玄奘铜像

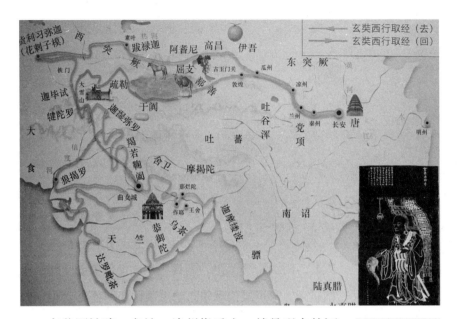

■ 玄奘取经路线图

　　玄奘原姓陈，名祎，洛州缑氏人，就是现在的河南偃师，13岁时做了洛阳净土寺的僧人。为了学习佛教真义，他决定亲往佛教发源地——天竺求取真经。

　　629年秋，他离开唐都长安，随西行商人开始了艰苦卓绝的西游历程。

　　玄奘向西经河西走廊的武威、张掖等地，出玉门关，穿过渺无人烟的沙漠，再经伊吾、高昌、屈支，越过天山冰峰凌山、依热海，到达当时属于西突厥的碎叶城。

　　又由此过赭时、阿姆河上游、铁门要塞，经吐火罗和迦毕试，到达大雪山，翻越雪山后进入那揭罗喝国和犍陀罗国，最后进入天竺境内。

　　此后在印度停居10多年，一边学习佛学，一边周游印度各地。643年回国，经巴基斯坦、阿富汗、帕米尔高原的瓦罕谷地，沿丝绸之路南道的疏勒、于

净土寺　河南省伊川县净土寺，又名"净土道场"，位于洛阳南20多千米，伊川县白元乡水牛沟村内。著名佛学大师玄奘少时因为家境困难，于600年跟着他二兄长捷法师住在洛阳净土寺，学习佛经，11岁就熟习《法华》《维摩》。13岁时洛阳剃僧，破格入选。

地理探究

地学历史与地理科技

■ 玄奘佛像

阗、鄯善，到达瓜州，由此沿河西走廊回到唐都长安。

玄奘在西行途中，一路上穿过了许多惊险之地，遇到很多特殊地理环境。

他曾单身一人进入沙漠，一路上沙海茫茫，渺无人烟，绝少水草。气候变化无常，时而狂风大作，飞沙走石，暗无天日，时而寂静无声，烈日当空，炎热炙肤。加上光线折射，海市蜃楼现象忽隐忽现，变幻莫测。

夜晚则寒气袭人，路旁尸骨发出幽幽蓝光，一派骇人胆魄的景象。他说当时：

四顾茫然，人马俱绝。夜则妖魑举火，烂若繁星；昼则惊风拥沙，散如时雨。

他还不小心打翻了水袋，一连五天四夜，无滴水沾喉，口干舌躁，以致昏倒在沙漠中。直至夜晚，忽然一阵凉风吹来才使他苏醒过来。

他咬紧牙关继续西行，终于发现了一池淡水，才免于一死。饮水后，稍作休息，他又艰难地在沙漠中穿行，以前人的尸骨为标志，摸索前进。

几天之后，才走出沙漠到达伊吾城。

他在翻越天山冰峰时，所经过的凌山，山峰高

辩机 唐代僧人，玄奘的门徒。15岁出家，师从大总持寺著名的萨婆多部学者道岳，并驻长安西北的金城坊会昌寺。玄奘法师最早的一批译经助手中，辩机以其高才博识、译业丰富，又帮助玄奘撰成《大唐西域记》一书而名噪一时。辩机仪表堂堂，才华横溢，使他深受师父的赏识、同侪的爱戴。

耸，冰雪漫地，寒风彻骨，他只能"悬釜而饮，席冰而寝"，忍饥挨饿地越过天山。而他后来翻越的大雪山比凌山更险恶。他说那一段路程"满山冰雪，千年不化。""积雪满谷，蹊路难涉。"而且，"群盗横行。""途路艰危，倍于凌碛之地。"

尽管路途艰险，玄奘终于以"宁可西进而死，绝不东归而生"的决心与毅力，完成了历史上这一罕有的长途旅行。后来，由他口述，门人辩机奉唐太宗之敕令笔受编集，完成了《西域记》，也就是《大唐西域记》。

在我国地理学发展史上，《西域记》是当时人们地理视野扩展的一个新标志。更是后世研究中世纪印度、尼泊尔、巴基斯坦、斯里兰卡、孟加拉国、阿富汗、乌兹别克斯坦、吉尔吉斯斯坦等国、克什米尔地区及我国新疆的最为重要的历史地理文献。

《西域记》记载了东起我国新疆、西达伊朗、南至印度半岛南端、北至吉尔吉斯斯坦、东南至孟加拉国这一广阔地区的历史、地理、风土、人情，科学地概括了印度次大陆的地理概况。记述了从帕米尔高原

■玄奘论佛画像

到咸海之间广大地区的气候、湖泊、地形、土壤、林木、动物等情况。

比如，帕米尔高原一向被认为是神秘的地区，由于自然条件险恶，很少有人涉足，直至玄奘时，还未有人对它做过详细记述。玄奘在这一地区前后3次往返，进行实地考察，具体记载了它的地理位置。

再如对印度的地理认识，在唐代以前的有关史书都有不少提及，法显的《佛国记》有相当的记述，但由于了解范围及篇幅所限，对印度各地的地理认识记述得都比较粗浅。至唐玄奘时期，由于他在印度居留10多年，又遍游各地，所以，他的认识比过去大有进步。

在叙述印度半岛的地理大势时，玄奘正确指出了印度半岛的北宽南窄的疆土形状，以及半岛上的气候特征和南、北、东、西的自然景观特点。

关于阿耆尼国的记述，玄奘的记叙也是古代最详细的文字记录之一。书中用简要的文字清楚地介绍了阿耆尼国的面积、都城、地形、水利、物产、气候、服饰、货币、政治、宗教以及地理位置。这比过去的资料要翔实得多。

关于伊塞克湖，自从张骞游历西域后，在过去的文献中已多次提到它。

但最早详细介绍的也是玄奘的《西域记》，其卷一记述道：

■玄奘游学场景雕刻

山行400余里至大清池。周千余里，东西长，南北狭。四面负山，众流交凑，色带青黑，味兼咸苦，洪涛浩瀚，惊波汩忽，龙鱼杂处，灵怪间起。所以往来行旅，祷以祈福。水族虽多，莫敢渔捕。

玄奘画像

值得一提的是，其中讲到，湖中有"灵怪"，就是当地人常说的水怪，以为神圣，不敢捕鱼。

正是因为《西域记》一书以其翔实的记录，向当时我国人民介绍了中亚、印度各地丰富多彩的地理、人文新知识，所以，它不仅是唐代的一部著名地理著作，也是今天从事中亚、印度历史地理研究的重要典籍。

玄奘与《西域记》不仅在我国地理学史上，而且在世界地理学史上都具有重要地位。

阅读链接

我国僧人玄奘在印度时因苦研佛法，深得其道，被尊称为"三藏法师"。

一天，一名僧人自以为学问高深，无人可及，就贴出告示，上列50条疑难经义，称谁能够破解得其中一条，就立即将自己的头颅砍下。闻知此事的众僧都躲了起来。

玄奘走到告示前，稍稍一看便做讲解。

那名僧人越听越怕，欲拔剑自刎。

玄奘止住他，让他做自己的仆人。后来玄奘曾向这个僧人请教小乘经典，大有感悟。为了感激他，便将他放走了。

其他众僧无不敬佩玄奘的渊博和大度。

耶律楚材与《西游录》

耶律楚材是契丹族杰出政治家，因对腐朽的大金失去信心，转投成吉思汗帐下，成为蒙古帝国时期大臣。

他应召西行，过居庸关，经武川，出云中，到达成吉思汗营地。后随军西征，到达花剌子模国首府布哈拉，行程数万里。从征回燕京后，写成了《西游录》。

中原人与西域交往频繁，但史书所记多为政治、军事内容，而耶律楚材的《西游录》，向我们提供了较为详细的人情、地理、风俗情况。

■耶律楚材石像

辽金在与中原宋王朝的战战
和和中先后被中原文化同化。蒙
古人征服他们后起用了其贵族官
僚，这些官僚是最先让蒙古贵族
接触汉制的先驱，其中耶律楚材
是最具代表性的。

耶律楚材是契丹皇族的后
裔，辽朝东丹王耶律倍的第八世
孙。耶律倍是契丹皇族中最早接
受北宋文化的人之一，他治理契
丹，一概采用汉法。

■ 耶律楚材画像

1215年，蒙古军攻占燕京，成吉思汗得知耶律楚
材才华横溢、满腹经纶，遂派人向他询问治国大计。

据《草原帝国》一书记载：占领北京后，成吉思
汗选中一位契丹族王子耶律楚材，他以"身长八尺，
美髯宏声"博得成吉思汗的喜爱，被任命为辅臣。这
是幸运的选择，因为耶律楚材融中原文化和政治家气
质于一身，是辅佐新君主的最合适的人。

其实，耶律楚材早已对腐朽的大金王朝失去信
心。面对干戈四起、生灵涂炭的神州大地，他决定以
自己的才华辅佐成吉思汗，拯救水深火热中的人民。

成吉思汗率军20万西征中亚花剌子模国时，耶律
楚材以书记官和星相占卜家的身份应召前往。

1218年3月，他自永安出发，过居庸关，经武
川，出云中，到达天山北面成吉思汗营地。翌年随军
西行，越阿尔泰山，过瀚海，经轮台、和州，更西行

星相 或称"占
星术"，星相学
家观测天体、日
月星辰的位置及
其各种变化后做
出解释，来预测
人世间的各种事
物的一种方术。
星相家认为，天
体，尤其是行星
和星座，都以某
种因果性或非偶
然性的方式预示
人间万物的变
化。占星学的理
论来源于从古至
今占星师们的经
验的积累，其中
蕴涵的大量天文
学与心理学知识
也为其带来了强
大的生命力。

■ 耶律楚材画

经阿里马、虎司斡鲁朵、塔剌思、讹打剌、撒马尔罕，到达花剌子模国首府今布哈拉。行程30000千米。

耶律楚材在西域达6年之久。他从征回燕京后，许多人向他询问西域的情形。他烦于一一应对，便写了《西游录》。

《西游录》分上、下两部分。上篇记西行道路、山川、物产、城市等，对了解13世纪新疆及中亚伊斯兰教各民族的概况有参考价值。下篇设为问答，较多地介绍了长春真人丘处机在西域的情形。

耶律楚材居西域6年，《西游录》所记多为他的亲历。作者不拘泥于概貌介绍，而以流畅自然的文笔，着重点出了每一地的特色。其中对于山川地理的描述，文字优美，资料翔实，是了解当时西域的重要史料。

寻思干在西辽时被称为"河中府"，在被花剌子模攻占之前，是附属于西辽的喀喇汗朝的首都，也是中亚两河流域政治、经济和文化的中心，交流频繁，繁华富庶。

耶律楚材在此留居数年，其间也曾游历了蒲华、苦盏、八普、杷榄等周边城镇，深为这里的异域风情所倾倒。在《西游录》及其诗中，对这一带的民情风物均有具体而微的描绘。

西辽（1132年~1218年），我国古代契丹族建立的朝代。亦称黑契丹，哈剌契丹。由辽朝大将耶律大石在金朝灭辽后，于西北召集残部建立。后来扩张到中亚，首都虎思斡鲁朵，一时成为中亚强国，统治中亚94年。西辽帝国的建立，结束了西域各国内部纷争不已和各国之间相互侵袭的局面，西辽对汉文化的传播有力地促进了中亚社会的向前发展。

如他记述了寻思干的园林之盛，瓜果之丰，货币形制，衣饰之俗；他的"漱旱河为雨，无衣垅种羊"，不仅说到了干旱地区的灌溉农业，还指明了这里的棉花种植，而此时植棉技术尚未传入中原。

由于耶律楚材东归均经天山北麓，故而在《西游录》中，对新疆境内的自然景观及人文地理也有不少的精彩描述。

关于金山，耶律楚材写道：

九州探险
考察与发现

> 时方盛夏，山峰飞雪，积冰千尺许。上命斫冰为道以度师。金山之泉无虑千百，松桧参天，花草弥谷。从山巅望之，群峰竞秀，乱壑争流，真雄观也。自金山而西，水皆西流，入于西海。

关于阿里马城所在的伊犁河谷的塞外江南风光，耶律楚材写道：

■天山北麓风光

■ 耶律楚材西行雕塑

天山 天山是中亚东部地区的一条大山脉，主要在我国新疆维吾尔自治区，横贯中部，把新疆维吾尔自治区分成两部分：南边是塔里木盆地，北边是准噶尔盆地。古名"白山"，又名"雪山"，冬夏有雪，故名。匈奴谓之"天山"，唐代时名称"折罗漫山"，许多高峰峰顶白雪皑皑。

既过圆池，南下皆林檎木，树荫蓊蓊，不露日色。既出阴山，有阿里马城。西人目林檎曰阿里马。附郭皆林檎园圃，由此名焉。附庸城邑八九。多蒲桃梨果，播种五谷，一如中原。

别失八里是耶律楚材东归途中的最后一站，对这座历史名城，他写道："金山之南隅有回鹘城，名曰别石把，有唐碑，所谓瀚海军者也……城之西二百余里有轮台县，唐碑在焉。城之南五百里有和州，唐之高昌也。高昌之西三四千里有五端城，即唐之于阗国也。出乌白玉之二河在焉。"

文中的"别石把"就是别失八里。

金山之名在汉代即见诸我国记载；而阿里马城所在的伊犁河谷，唐代军队曾在此地对西突厥叛军进行征讨；别失八里则曾是唐代北庭大都护府治所，安史之乱后沦陷于吐蕃，后为高昌回鹘的夏都。

耶律楚材之前，人们对上述地方或者有所记述，但往往语焉不详，或者根本没有任何文字的描写，尤其是金山这个"养在深闺人未识"的"美人"。至耶律楚材的《西游录》问世，才首次揭开它的神秘面纱，将其美貌展现于世人面前。

另外，耶律楚材对于天山的雄奇秀美，也给我们留下了脍炙人口的多首《过阴山》，如：

> 百里镜湖山顶上，旦暮云烟浮气象。
>
> 山南山北多幽绝，几派飞泉练千丈。
>
> 大河西注波无穷，千溪万壑皆会同。

这里描绘了赛里木湖、果子沟、伊犁河的壮丽风光。

耶律楚材这些诗文，比较生动地反映了700多年前西域的自然景色和人民的生活情形，也使他与西域的历史文化紧紧地联系在了一起。

阅读链接

耶律楚材曾随从成吉思汗和窝阔台远征四方，熟悉边疆的风土人情、山川景物，写下了大量诗歌。在诗中，他生动真实地描绘了奇瑰壮丽的西域风光。

耶律楚材的西域诗有50余首，其中《西域河中十咏》尤为人称道。如："寂寞河中府，连甍及万家。葡萄亲酿酒，杷榄看开花。""寂寞河中府，遐荒僻一隅。葡萄垂马乳，杷榄灿牛酥。酿酒无输课，耕田不纳租。西行万余里，谁谓乃良图。"这些诗篇是后人研究西域历史的重要参考资料。

马可·波罗的东方游记

■马可·波罗头像

马可·波罗的游记在13世纪末问世后,人们为其新奇可喜所动争相传阅和翻印,成为当时备受欢迎的读物,被称为"世界一大奇书",其影响是巨大的。

《马可·波罗游记》打开了中古时期欧洲人的地理视野,在他们面前展示了一片宽阔而富饶的土地、国家和文明,引起了欧洲对于东方的向往,也有助于欧洲人冲破中世纪的黑暗,走向近代文明。

马可·波罗出生于意大利威尼斯一个商人家庭。他小时候，他的父亲和叔叔就曾到东方经商，来到元大都，并朝见过蒙古帝国的忽必烈大汗，带回了大汗给罗马教皇的信。他们回家后，跟小马可·波罗讲述了这些在东方旅行的故事，激起了他的好奇心，使他下决心要到中国去。

1271年，马可·波罗17岁时，父亲和叔叔拿着教皇的回信和礼品，带着马可·波罗及10多位旅伴一起向东方进发了。

■ 马可·波罗雕像

他们从威尼斯进入地中海，然后横渡黑海，经过两河流域来到中东的古城——巴格达，从这里到波斯湾的出海口霍尔木兹，就可以乘船直驶中国了。

可是，意外的事情发生了：他们在一个小镇上买东西时，被强盗盯上了。这伙强盗趁他们睡觉时抓住了他们，并把他们关押起来。

半夜里，马可·波罗和父亲逃了出来。当他们找来救兵时，强盗早已溜走了，除了叔叔外，别的旅伴不知去向。

马可·波罗和父亲、叔叔来到霍尔木兹，一直等了两个月，也没遇上去中国的船只，只好改走陆路。这是一条充满艰难险阻的路。

他们从霍尔木兹向东，越过荒凉恐怖的伊朗沙漠，跨过险峻寒冷的帕米尔高原。一路上跋山涉水，

大汗 "汗"是由蒙文音译而来的。"大"的意思是至高无上、伟大，或译为古蒙古部落的首领。"汗"的意思是王、皇帝、帝王等。清代早期努尔哈赤也曾经称"汗"。第一个建立蒙古大汗国的人是古代蒙古首领、军事家和政治家成吉思汗。

■ 马可·波罗雕像

佛像雕塑 雕刻艺术种类的其中一种，也是流传时间最长的一种。最早期的佛像雕塑多见于石雕石刻，后来铜佛像雕塑开始出现，铜佛像大多形体较小而精致，便以携带供奉于佛寺和信众家中佛龛，或藏于佛塔地宫之中，从古流传至今，有很高的收藏价值。

克服了饥渴、疾病的困扰，躲开了强盗、猛兽的侵袭，终于来到了中国的新疆。

一到新疆，马可·波罗就被吸引住了：美丽繁华的喀什，盛产美玉的和田，还有花香扑鼻的果园等。

马可·波罗他们继续向东，穿过塔克拉玛干沙漠，来到古城敦煌，瞻仰了举世闻名的佛像雕塑和壁画。接着，他们经玉门关看到了万里长城。最后穿过河西走廊，终于到达元代北部都城——上都。

这时，距他们离开祖国已经过去4个寒暑了。

马可·波罗的父亲和叔叔向忽必烈大汗呈上了教皇的信件和礼物，并向大汗介绍了马可·波罗。

大汗非常赏识年轻聪明的马可·波罗，特意请他们进宫讲述沿途的见闻，并携他们同返大都，后来还留他们在朝中当官任职。

聪明的马可·波罗很快学会了蒙古语和汉语。他奉大汗之命，巡视各地，走遍了我国的山山水水，我国的辽阔、富饶，让他惊奇不已。

马可·波罗先后到过新疆、甘肃、内蒙古、山西、陕西、四川、云南、山东、江苏、浙江、福建等省区，以及北京等50多个城市。其间，还在扬州做过3年地方官，又奉命出使外国，到过越南、缅甸、印尼等地。

每到一处，他总要详细考察当地的风俗、地理、人情。回到大都后，又向忽必烈大汗做了详细汇报。

1288年，马可·波罗在中国游历了17年，随着时间的推移，他越来越想家。

这年春天，马可·波罗和父亲、叔叔受忽必烈大汗的委托，护送一位蒙古公主到波斯成婚。他们趁机向大汗提出回国的请求。

大汗答应了他们，在完成使命后，他们可以转路回国。

又经过3年跋涉，1291年，马可·波罗他们终于回到了久违的亲人身边。他们从中国回来的消息迅速传遍了整个威尼斯，他们的见闻引起了人们的极大兴趣。他们从中国带回去的无数奇珍异宝，使他们一夜之间成了威尼斯的巨富。

后来，马可·波罗参加了威尼斯与热那亚的战

壁画 墙壁上的艺术，即人们直接画在墙面上的画。作为建筑物的附属部分，它的装饰和美化功能使它成为环境艺术的一个重要方面。壁画为人类历史上最早的绘画形式之一。随着宗教信仰的兴盛，壁画广泛应用于寺观、石窟，例如敦煌莫高窟壁画等。

■ 马可·波罗觐见忽必烈

■马可·波罗画像

争，不幸被俘，被关进了监狱。一年的狱中生活，远东尤其是中国的经历和见闻，成了慰藉他在狱中心灵的一剂良药。

他在狱中遇到了一位名叫鲁思梯谦的读书人，于是就有了马可·波罗口述、鲁思梯谦记录整理的《马可·波罗游记》。

《马可·波罗游记》盛赞我国的繁盛昌明：

发达的工商业、繁华热闹的市集、华美廉价的丝绸锦缎、宏伟壮观的都城、完善方便的驿道交通、普遍流通的纸币等。

丝绸 在我国古代，丝绸就是蚕丝织造的纺织品。我国是世界上最早饲养家蚕和缲丝织绸的国家。中华民族的祖先不但发明了丝绸，还倡导丝绸、利用丝绸，使其在服饰上、经济上、艺术上及文化上均散发出灿烂光辉，进而使丝绸衣披天下。丝绸在某种意义上说，代表了中国悠久灿烂的文化。

书中的内容，使每一个读了这本书的人，都对中国的文明和财富无限神往。

马可·波罗之前的中国，在西方人的心目中是个模糊甚至根本不存在的国度。《马可·波罗游记》揭开了蒙在中国身上的神秘纱幕，第一次向西方详细介绍了具有高度文明的中国。

与此同时，还向西方介绍了缅甸、印度支那、爪哇、苏门答腊、日本等国家和地区。

事实上，此书在地理学和地理大发现方面，具有极为重要的意义。马可·波罗从地理学的角度初步揭示了开辟新航路的可能性。当欧洲出现了资本主义的萌芽，渴望黄金和市场的时候，欧洲人就更加想到远东的中国来。

西方地理学家还根据《马可·波罗游记》的描述，绘制了世界上最早的"世界地图"。这终于引发了新航路的开辟和地理大发现。

地理大发现前一阶段的重要人物，几乎都读过《马可·波罗游记》，探险家们每到某个陌生的地方，总是要找《马可·波罗游记》中描绘的城市、地区或国家。

中世纪最受推崇的地理学家、天文学家托勒密认为，只有取道陆路才能到达中国。而在马可·波罗的游记中，记载了亚洲大陆的东部并未被不可逾越的沼

纸币 代替金属货币进行流通，由国家发行并强制使用的货币符号。与金属货币相比，纸币的制作成本低，更易于保管携带和运输，避免了铸币在流通中的磨损。世界上最早出现的纸币，是我国北宋时期四川成都的"交子"。我国是世界上使用纸币最早的国家。

■ 马可·波罗在讲述中国游记

行在 专指天子巡行所到之地。比如宋高宗赵构即位后，为避金兵进攻，以巡行为名，先后流亡至扬州、平江府、杭州、建康府、绍兴府等地，均以"行在"名之。历史上，杭州、北京都曾经作为行在，可以反映当时的历史状况。

泽封闭，而是可以通过长长的海岸线乘船航海到达。

当时的葡萄牙亲王亨利是15世纪西欧航海探险以及地理大发现事业的开拓者、奠基人。他有一本《马可·波罗游记》的手抄本并时常翻阅。

他改进船舶设计和绘制地图，完善航海仪器和收集航海远行资料，使得哥伦布、麦哲伦等伟大的航海家能够借助这些条件，去实现他们远航的梦想。英国史学家比兹利称亨利为哥伦布、麦哲伦等人的"老师和校长"。

15世纪末著名的佛罗伦萨地理学家、西渡大西洋至东方的热心倡导者里也看过《马可·波罗游记》。他于1574年给葡萄牙主教马丁列沙写信，提出了由西行到东方去的具体设想。后来哥伦布曾多次向他请教，互通书信。

■ 马可·波罗参观桥梁建设雕像

托斯堪内里还向哥伦布提供了一张他绘制的一幅大西洋以东是欧洲，以西是亚洲的地图，哥伦布看了这张地图，这正是自己眼下所最需要的。

托斯堪内里的意见和地图对哥伦布下定决心西航起到了至关重要的作用。

马可·波罗对哥伦布的影响是最深的，《马可·波罗游记》中提到中国的君主是蒙古大汗，所以他在首次远航时，还带着西班牙国王致蒙古大汗的国书及两份空白的备用国书。

航抵美洲东部沿海后，他还以为到了亚洲东部沿海，曾经到处寻找马可·波罗在游记中介绍的"行在"。在马可·波罗的巨大影响下，哥伦布的航海便逐步成为了现实。

马可·波罗作为西方与东方交流沟通的伟大旅行家，他所著的《马可·波罗游记》初步揭示了开辟新航路的可能性，对大航海时代的兴起，地理大发现都起到了直接的催化作用。

就此拉开了西方大航海时代舞台的序幕。

阅读链接

在我国考古学史上，有四大发现对我国古典文献研究产生深远影响，其中一个就是1909年在内蒙古黑水城里发现的西夏及宋元文书。黑水城就是马可·波罗称的"亦集乃城"。

马可·波罗在他的游记中详细告知他前往"亦集乃城"的时间和路线：从甘州出发，骑行16日，"可抵一城名曰亦集乃。城在北方沙漠边界，属唐古忒州"。马可·波罗看到的亦集乃城此前是个废弃的西夏军城，现在已有不少的骆驼和牲畜，当地人因为农业和畜牧业的发达，而不经商。

郑和七下西洋出访各国

■ 郑和雕像

郑和七下西洋是指明代初期，郑和奉命出使7次下西洋的航海活动。郑和下西洋规模之大、范围之广、时间之长都是空前的。

郑和下西洋在航海活动上达到了当时世界航海事业的顶峰，开辟了贯通太平洋西部与印度洋等大洋的直达航线，为世界航海事业做出了巨大的贡献。

■ 郑和宝船模型

　　1405年7月11日，明成祖朱棣命宦官郑和率领240多艘海船、2.7万余船员的庞大船队远航，拜访印度洋的国家和地区。

　　从1405年至1433年的28年间，一共远航有7次之多。曾到达过爪哇、苏门答腊、苏禄、彭亨、真腊、古里、暹罗、榜葛剌、阿丹、天方、左法尔、忽鲁谟斯、木骨都束等30多个国家。最远曾达非洲东部，红海、麦加，并到过澳大利亚、美洲和新西兰。

　　从航海发展史角度看，郑和下西洋的航线具有创新性的突破。重要航线有56条，航线总长近2.5万千米。

　　第一次从苏州刘家港出发，经历爪哇、苏门答腊、锡兰、印度西海岸的柯钦以至古里。

　　第二次沿同样的路径至古里。

　　第三次以东印度洋为中心，从爪哇、苏门答腊往锡兰，又北上印度东海岸，抵孟加拉湾，然后折回马六甲海峡，在马六甲修筑城塞后返国。

　　第四次又经东印度海岸折往波斯湾，到达霍尔木兹。也有人认为这次远航到达东非沿海。

　　第五次与前次航线相同，抵达波斯湾。又另分一支船队经由阿拉

■ 郑和下西洋船队

伯南岸远航至东非沿海的摩加迪沙、布腊瓦、马林迪等地。

第六次，除驶入波斯湾外，另有分队绕东非沿海诸港口航行。

第七次进行了经由印度西海岸入波斯湾的最后一次航行。这次，郑和的部下到达了阿拉伯的麦加。

郑和下西洋是当时世界航海事业的顶峰，后世几百年中，几乎无人能及。之所以能够7次远航，依靠的是先进的天文航海技术和地理航海技术，以及内容准确、详尽的《郑和航海图》。

在天文航海技术方面，我国很早就可以通过观测日月星辰测定方位和船舶航行的位置。

郑和船队已经把航海天文定位与导航罗盘的应用结合起来，提高了测定船位和航向的精确度，人们称之为"牵星术"。用"牵星板"观测定位的方法，通过测定天的高度，来判断船舶位置、方向、确定航线，这项技术代表了那个时代天文导航的世界先进水平。

在地理航海技术方面，郑和以海洋科学知识和航海图为依据，运用了航海罗盘、计程仪、测深仪等航海仪器，按照海图、针路簿记载来保证船舶航行路线方向。

航行时确定航行的线路，叫作针路。罗盘的误

牵星术 利用天上星宿的位置及其与海平面的角高度来确定航海中船舶所行的位置及航行方向的方法，因此又称为"天文航海术"。早在我国秦汉时代，人们已经知道在海上乘船看北斗星就可以辨识方向。元明时期，我国在天文航海技术方面已能观测星的高度来确定地理纬度。

差，不超过2.5度。

《郑和航海图》得以传世，多亏明代末期儒将茅元仪收录在《武备志》中。海图中记载了530多个地名，其中外域地名有300个，最远的东非海岸有16个。标出了城市、岛屿、航海标志、滩、礁、山脉和航路等。其中明确标明南沙群岛、西沙群岛、中沙群岛，后来我国以郑和等命名南海诸岛礁，纪念这位伟大的航海家。

《郑和航海图》是世界上现存最早的航海图集。该图与同时期西方最有代表性的波特兰海图相比，《郑和航海图》制图范围广，内容丰富，实用性强。

除此之外，郑和的航行之举，其船舶规模之大，人员之众，组织之严密，气魄之雄伟，历时之久，远非地理大发现时的西方船队所能比拟。仅就船舶一项而言，一般每次达200余艘，其中有大、中、巨型宝船60余艘，其载重量为1500吨。

像郑和这样在近30年的时间里频繁活动于海洋之上的航海家，在世界航海史上也是不多见的。

郑和下西洋不仅在航海技术和船队规模上领先于

牵星板 测量星体距水平线高度的仪器。以一条绳贯穿12块正方形木板的中心，观察者一手持板，手臂前直，另一手持住绳端置于眼前。此时，眼看方板上下边缘，将下边缘与水平线取平，上边缘与被测的星体重合，然后根据所用之板属于几指，便得出星辰高度的指数。

■郑和下西洋宝船

郑和塑像

郑和

地理探究

地学历史与地理科技

世界，而且在世界航海史上，早在地理大发现之前，便开辟了贯通太平洋西部与印度洋等大洋的直达航线，发现了美洲和大洋洲。远远超过葡萄牙、西班牙等国的航海家，如麦哲伦、哥伦布、达·伽玛等人，堪称是地理大发现的先驱。

郑和船队的世界地图的精确绘制时间是1423年，欧洲探险者在起航前，地图上已经有了他们前往的国家和地区，绘制精确并且标明了航程。这表明我国先于欧洲人的航海发现。

从郑和下西洋船队的航海时间上看，也是我国航海发现的有力证明。郑和第一次下西洋是在1405年，比哥伦布1492年发现美洲"新大陆"早87年，比达·伽玛1498年绕过好望角到达印度海岸早93年，比麦哲伦环球航行早110多年。

郑和下西洋不仅表明了我国劳动人民的智慧和勤劳，表明了我国在政治、经济、文化以及科学技术领域居于世界领先地位，也在世界航海历史和地理大发现历史上，都开创了举世公认的成就。

阅读链接

郑和第一次下西洋时，到达爪哇岛上的麻喏八歇国。当时这个国家的东王、西王正在打内战。郑和船队的人员上岸到集市上做生意，西王误认为是东王军，结果被误杀170人。

郑和舰队是当时世界上最强大的舰队。事件发生后，西王十分惧怕，又派使者谢罪，又要赔偿6万两黄金。郑和得知误杀，又鉴于西王请罪受罚，便禀明代皇朝和平处理这一事件。明代皇朝决定放弃对麻喏八歇国的赔偿要求，西王知道这件事后，十分感动，两国从此和睦相处。

我国古代测绘在长期的发展过程中，总结出了具有独创性的测绘方法，并形成了独有的测绘传统，一脉相承，前后相继。在一定历史时期，我国测绘技术在世界上处于先进地位。

我国古代测绘经历了三皇五帝至商代的测绘诞生与初创期，秦汉测绘体系初成期，宋元明时期的大发展，以及清代测绘由传统测绘向近代测绘的过渡时期。在这之中，裴秀的制图六体及贾耽、沈括等人的贡献，有多项在世界上属于首创。

测量与绘图

古代测绘发展历程

■ 大禹雕塑

　　测绘在我国是一门古老的科学，它是我们的祖先在屯田、垦殖、兴修水利以及古城建筑的规划设计的生产实践中产生的。同时，测绘也是随着政治、经济、军事等方面的需要才得以发展和提高的。地理测绘是其中重要的一个方面。

　　我国古代有许多地理测绘方面的科技成果，它们在当时的世界上都处于领先地位。

■大禹绘九州

据传说，夏禹时期有个本领高强的人叫竖亥，是夏禹的徒弟，曾经受夏禹之命步量世界大小，其实就是进行大范围测绘。

竖亥是一个步子极大，特别能走的人。他接受夏禹的命令后，率领专员踏遍了中华大地，进行了较精确的测量。《淮南子·墜形训》中说："竖亥步自北极，至于南极，二亿三万三千五百里七十五步"。

他们在测量时，发明了测量土地的步尺，为华夏民族的计量学创造了测量仪器，这就是步尺和量度的基本单位尺、丈、里等，当为华夏量度制的鼻祖。

这个故事说明，我们的祖先为发展农业，在与洪水的斗争中，就已经开展过规模较大的测绘工作。

西汉史学家司马迁也在《史记·夏本纪》中记载了夏禹治水的故事，"左准绳，右规矩，载四时，以开九州，通九道"。

这句话中的"准"是测高低的；"绳"是量距的；"规"是画圆的；"矩"则是画方形和三角形的；"步"，是计量单位，折300步为1里。

■ 刘徽画像

地理探究

地学历史与地理科技

九州 我国的别称之一。古人将全国划分为9个区域，即所谓的"九州"。相传古代大禹治水时，把天下分为九州，于是九州就成了我国的代名词。根据《尚书·禹贡》的记载，九州分别是：徐州、冀州、兖州、青州、扬州、荆州、梁州、雍州和豫州。

禹治水成功后，促进了农业生产的发展，使夏代进入盛世时期，各部族和九州首领向大禹进贡图画、金属等物品，禹命工匠铸成九鼎，并刻上图。

九鼎上的图有九州的山川、草木、道路以及禽兽的分布情况，这就是古代的原始地图，供人们外出交往沟通、狩猎时参考。

《晋书》中有段记载，在夏商周三代，已设置了"地官司徒"官职，专司管理全国地图。可见当时已经测绘了相当数量的地图，以致需专人管理。

秦汉时期，封建王朝已把地图视为权力的象征，极为重视。这时的地图品种逐渐增多，有土地图、户籍图、矿产图、天下图、九州图等。

秦始皇统一中国后，立即收集各类地图，"掌天下之图以掌天下之地"，思路、观念极其明确。而且，朝廷由"大司徒"专门管理，地方派"土训"管理，两者都是管地图的官司职称呼。

刘邦率军进入咸阳时，富有远见的萧何立即把秦代地图全部安置于坚固的资料库里，后来这些地图为汉代初期制定各项制度提供了基础信息。

地图资料的积累也促进了天文测量的进步。西汉人们已能运用勾、股、弦和相似三角形来推算距离。测量面积方法的增多，也促进了测绘技术的发展。

甘肃省天水放马滩的秦墓中曾经出土了3幅木刻地图。它们分别为政区图、地形图和经济图。图的方位上北下南、左西右东，载地名多处，山名两处，溪谷、关隘、亭都有记载。这是世界上最早的木刻地图。

汉代画像石上绘出了禹的使臣，拿着绘图与测量的仪器规和矩。在测量的基础上，使地理概念得到了极大的丰富和发展。

测量和计算是一对孪生兄弟。三国时期的测算专著《海岛算经》，是三国时期的数学家刘徽所著。他在为《九章算术》作注时，写了《重差》一卷，附于该书之后。唐代数学家李淳风将《重差》单列出来，取名"海岛算经"，并列为我国古代的数学经典《算经十书》之一。

该书全部9个算例均涉及测高望远及其计算问

刘徽 （约225年~295年），山东邹平人，魏晋期间伟大的数学家，我国古典数学理论的奠基者之一。刘徽是我国最早明确主张用逻辑推理的方式来论证数学命题的人。他的代表作有《九章算术注》和《海岛算经》等。

■大禹制九鼎

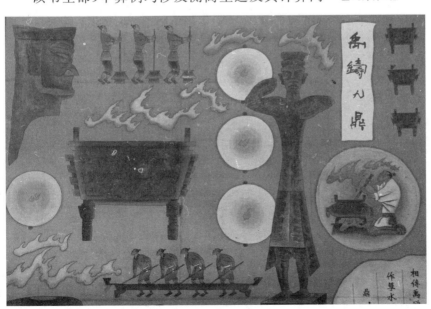

子午线 也称"经线"，它和纬线一样是人类为度量方便而假设出来的辅助线，定义为地球表面连接南北两极的大圆线上的半圆弧。任两根经线的长度相等，相交于南北两极点。每一根经线都有其相对应的数值，称为"经度"。经线指示南北方向。

题。分别是："望海岛"，即测量海岛的高度；"望松"，即测量山上的松树的高度；"望邑"，即测量城市的大小；"望谷"，即测量涧谷的深度；"望楼"，即居高测量地面上塔楼的高度；"望波口"，即测量河流的宽度；"望清渊"，即测量清水潭的深度；"望津"，即从山上测量湖塘的宽度；"临邑"，即从山上测量一座城市的大小。

为解决这些问题，刘徽提出了重表法、连索法和累距法等具体的测量和计算方法。这些方法归结到一点，就是重差测量术。

重差测量术是借助矩、表、绳的简单测量工具，依据相似直角三角形对应边成比例的内在关系，进行测高、望远、量深的理论和方法。

《海岛算经》是一部影响久远的测算专著。它所详细揭示的重差测量理论和方法，成为古代测量的基本依据，为实现直接测量，即步量或丈量向间接测量的飞跃架起了桥梁。直至近代，重差测量理论和方法在某些场合仍有借鉴意义。

三国之后，晋王朝建立，天下又出现了统一的局面。著名的制图学家裴秀，在总结前人经验的基础上，创造了"制图六体"，几乎把现代地图的测制原则全都扼要地提到了，

■ 沈括画像

这在我国制图发展史上具有划时代的意义，对后代测制地图有着深远影响。

唐代初期，我国疆域辽阔，为了便于统治，唐太宗李世民曾规定全国各州、府每年要修测地图一次。可见当时已建立起对地图的实时概念。

唐德宗曾令制图学家贾耽绘制全国大地图。贾耽完成的《海内华夷图》，显示出当时大唐疆域东西1.5万千米，南北1.75万千米，相当于当代一幅亚洲地图。

唐代著名天文学家一行，在世界上首次用科学方法测量子午线的长度。他根据不同地点的日影变化，求得北极星高度差1度，则地上南北距离差175.5千米又80步，而且是不均匀的。这一发现比其他国家要早1000多年。

宋代王安石变法时，曾开展大规模的农田水利建设。在推行新法的六七年间，全国兴修水利10万余处，灌田200万公顷，其间完成了大量的勘察与测绘工作。

北宋科学家沈括曾主持治理一条420千米长的水渠，他采用"分层筑堰法"，测出长渠两端的高差为19.486丈。沈括还奉旨用12年的时间修编了《天下州县图》，把图上的方位由8个增加至24个，提高了地图的精度。

■ 天文学家一行

王安石变法 北宋时期改革家王安石针对当时"积贫积弱"的社会现实，以富国强兵为目的，而掀起的一场轰轰烈烈的改革。颁布了农田水利法、均输法、青苗法、免役法、市易法、方田均税法，并推行保甲法和将兵法以强兵。变法取得的成果是有目共睹。

■ 郭守敬雕像

地理探究

地学历史与地理科技

郭守敬（1231年～1316年），字若思。生于元朝顺德邢台，即今河北省邢台市。元朝的天文学家、数学家、水利专家和仪器制造专家。郭守敬修订的新历法《授时历》，是当时世界上最先进的一种精良的历法，通行360多年。1981年，为纪念郭守敬诞辰750周年，国际天文学会将月球背面的一环形山命名为"郭守敬环形山"，将小行星2012命名为"郭守敬小行星"。

沈括经过对北极星连续3个多月的观测，绘制了200多张北极星与磁北方向图，发现了磁偏角。这是个史无前例的发现，对测绘有着重大的科学价值，比哥伦布横渡大西洋时发现磁偏角要早400年。

元代天文学家郭守敬用自制的仪器观测天文，发现黄道平面与赤道平面的交角为23.33度，而且每年都在变化。如果按现在的理论推算，当时这个角度是23.32度，可见当时观测精度是相当高的。

郭守敬还发明了一些精确的内检公式和球面三角计算公式，给大地测量提供了可靠的数学基础。

当时，为兴修水利，郭守敬还带领队伍在黄河下游进行大规模的工程测量和地形测量工作，使许多重要工程得以科学设计、合理施工，节省了大量的人力物力。

还有一点，更是值得一记：在我国乃至世界历史上，我国元代科学家郭守敬是第一位用平均海水面作为高程起始面的人。

明代郑和下西洋时的航海图是我国古代测绘技术的又一杰作。

郑和七次下西洋，最远到达非洲的索马里、阿拉伯、红海一带，使明初的海疆超过了汉代和唐代。《郑和航海图》一直保存至现代，是我国最著名的古海图，也是我国最早的一幅亚非地图。

清代的康熙皇帝在测绘的发展上是个有作为的领导人物。他出生于指挥战争和巩固政权需要的年代，对了解各地山川地貌格外重视，曾经亲自领导了全国性的大地测量和地图测绘工作。

康熙首先统一了全国测量中的长度单位，依据对子午线弧长的测量结果，亲自决定以200里合子午线一度，每里长1800尺，每尺为子午线长的1‰秒。

他还利用传教士培训测绘人才，购置测绘仪器。从北京附近开始，先后测绘了华北、东北、内蒙古、东南、西南、西藏等地区的地图，然后编绘《皇舆全图》。

清乾隆即位后，又编绘了《西域图志》和《亚洲全图》，这些图都是当时世界上极为重大的测绘成果，标志着我国测绘科技曾一度走在世界的前列。包括这之前考古工作者发掘出土的古地图在内，它们对研究我国古今地理、水系、湖泊的动态变迁有着极其重要的科学价值。

纵观我国古代测绘史，在数以千年的历史长河中，它的进步与发展，基本上是以朝代为单元，以个人出众的勤奋和才华而独立的。但是，以史为鉴的测绘成果，全都熠熠生辉，璀璨夺目。

阅读链接

地图在我国的使用很早。千百年来，在我国民间广泛流传着的《河伯献图》的神话故事，就是古代使用地图的例子。

传说大禹治水三过家门而不入的精神感动了河伯。河伯是黄河的水神，禹为治水踏遍山川、沼泽，忽一天看见河伯从黄河中走来，献出一块大青石，禹仔细一看，原来是治水用的地图。禹借助地图，因势利导，治水取得了成功。

"传说"虽然不能证实地图起源的具体时代，但从侧面说明，约在四千年以前，我国先民已经使用地图了。

值得称道的古代军事地图

　　我国古代地图多数都是局部的，很少有关于整个国家的或者大范围的地图。军用地图更多数是临时做出来的，而沙盘也是古代的侦察兵斥候根据临时侦察出的地形制作的。

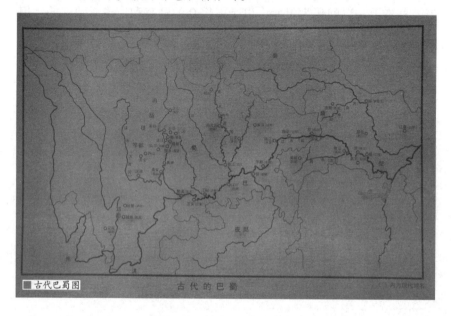

■ 古代巴蜀图　　　　　　　　　　古代的巴蜀

■黄帝巡游

相传，黄帝曾与蚩尤发生战争，黄帝命他的一位大臣史皇，绘制地形物象之图。这幅地图在黄帝与蚩尤的战争中，对黄帝战胜蚩尤起了很大作用，黄帝利用这个图将蚩尤擒杀于冀州之野。

原始时期，先民部落生存极为艰难，无论东讨西伐扩大领地范围、争夺更多资源，还是躲避洪水猛兽、风雷雨雪自然灾害的侵袭，最迫切需要的就是根据天文、方位、地形情况，来决定部落是否出征、迁徙的占卜图形或标注河流、地貌的生活实用图形。

史皇绘制的原始地理图形，在实现占卜天地、祭祀神鬼等功能的同时，也便很容易成为黄帝应用于作战中的参考和采取不同战法的依据，成了黄帝的取胜法宝。

黄帝利用史皇图中显示的地理形貌情况排兵布阵，派出大将应龙在高处筑坝蓄水阻挡蚩尤，使用驯养的猛兽通过有利的地形直接冲入蚩尤阵营厮杀。

黄帝还利用天文情况的变化赢得战机。他根据蚩尤意欲借助大雾弥漫的天象乱中取胜的情况，巧借大雾之后的狂风大作、沙尘飞扬的

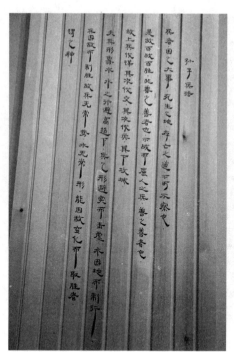

气象变化，依靠指南车的指引乘胜追击，活捉蚩尤。

这些过程精彩绝妙之处，正是我国原始时期地图作用的凸显和对地理特征、气象变化为我所用的结果。

春秋战国时期，地图已普遍用在军事上。《管子·地图篇》记载，凡主兵打仗，必须先看图，知地形，才不致失利。《孙子兵法·地形篇》也记载，没有地图、不知地形，必败。

■《孙子兵法·地形篇》

这一时期的军事地图都刻在木板上，包括山脉、河川、城镇、道路等相关位置，具有一定的比例，而且广泛应用了指南针。

至秦代，应用军事沙盘研究作战的情况已经出现。《史记·秦始皇本纪》记载："以水银为百川江河大海，机相灌输，上具天文，下具地理。"

据说，秦国在部署灭六国时，秦始皇亲自堆制沙盘研究各国地理形势，在李斯的辅佐下，派大将王翦进行统一战争。后来，秦始皇在修建陵墓时，墓中堆塑了一个大型的地形模型，以地形模型作为殉葬品，这说明秦始皇从统一战争中认识到地图之重要。

秦始皇陵墓中的模型中不仅砌有高山、丘阜、城邑等，而且用水银模拟江河、大海，用机械装置使水

军事沙盘 将地形地貌或很大的物件浓缩到一张桌子大小的台子上，使人可以微观地观摩宏观的物体。各个不同的时期制作沙盘的工艺和材料是不尽相同的。沙盘在古代乃至现代的战争中发挥了重要作用。

银流动循环。可以说这是最早的沙盘雏形，至今已有2200多年历史。

考古工作者曾在湖南省长沙马王堆三号墓中出土了3幅绘于绢帛上的地图，包括驻军图、地形图和城邑图。其中的驻军图反映了当时军队守备作战的兵力部署。

驻军图具有专门军事用途的特点，突出显示了驻军名称、布防分布位置、城堡、要塞、烽火台、水池、防区界线等情况。是现在世界上所能见到的最早的彩绘军事地图，体现了当时精湛的地理地图知识水平。

驻军图把与驻军活动有关的内容，用鲜艳夺目的重色表示在主要层次之上。显眼的三角形城堡，表示大本营；红、黑两色套框则表示要塞。

而将一般的山脉、河流等地理基本要素用淡调的青色标出，放到了图面的底图次要层次之上。层次分明，一目了然，这与现代专门地图的多层次平面表示法相类似。

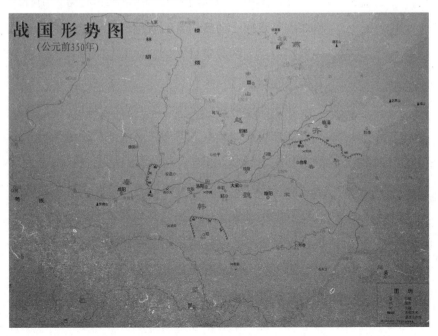

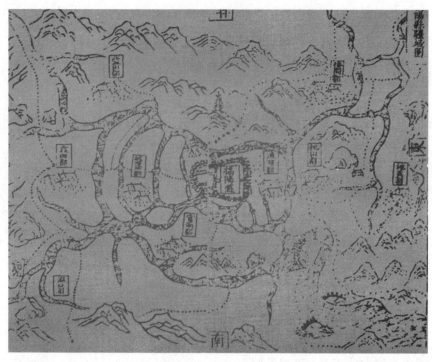

地理探究

地学历史与地理科技

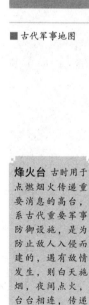

■ 古代军事地图

烽火台 古时用于点燃烟火传递重要消息的高台，系古代重要军事防御设施，是为防止敌人入侵而建的，遇有敌情发生，则白天施烟，夜间点火，台台相连，传递消息。是最古老但行之有效的消息传递方式。

驻军图中的山脉用"山"字形象形符号，山脊用单线表示走向。河流用青的淡色。这就减轻了非专门内容在图面上的载负量，达到突出专门内容、突出主题的实际效果。

驻军图中的居民点用红圆圈表示，其注明户数，无人居住也注明，有人的居民点最多户、最少户。道路多与主要居民点相连，用醒目的红色表示。

驻军图反映了驻军营地的地形情况。驻军营地选择有利地形条件。城堡多选择环水靠山之处，并分设岗楼控制地形。它体现了我国古代传统的复式兵力部署，重视利用地形的守备思想。

驻军图中清楚地标明了当时一线兵力、二线兵力、指挥部、预备队等构成的梯形军事部署。在防区的山脊上还标绘出烽火台，它们既是前沿观察哨所，也是当时的通讯设施。

据《后汉书·马援传》记载：公元32年，光武帝征伐天水、武都一带地方豪强隗嚣时，大将马援"聚米为山谷，指画形势"，使光武帝顿有"虏在吾目中"的感觉。这是我国战争史上运用沙盘研究战术的先例。

隋唐时期是我国封建社会的盛世，政治、经济空前繁荣，科学文化长足发展，古代科学技术体系发展至成熟阶段。在这种背景下，军事测绘技术如军事地图制作、军事工程测量、军事地理调查等方面也取得了一系列重大成就。

隋唐时在兵部下设职方司主管军事测绘，包括全国及周边地区地图的测绘与管理。《隋书·百官志》记载，兵部下设的职方司主管地图。

在唐代职方司掌握着东西南北中五方区域的军事地理的动态变化，如军事重镇、戍守地点或区域，以及烽火台和城防，这些军事地理要素在军事地图上历历在目。

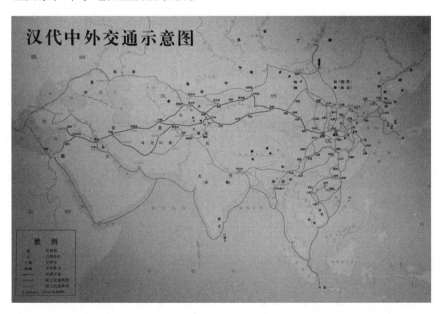

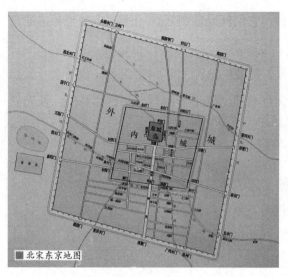

■北宋东京地图

地理探究

地学历史与地理科技

隋唐时期，军事地图制作呈现出空前的繁荣。据《新唐书·艺文志》记载，当时保存的地理图籍有160部，1292卷，其中各类地图18种，489卷。这些地图中，著名的军事地图或具有军事用途的地图主要有：

隋代虞茂编撰的《区宇图志》128卷；朗茂编撰的《诸州图经集》100卷；负责西北军务的裴矩编制的《西域图志》3卷。

唐代则有贾耽主持编绘的关中陇右及山南九州等图、《海内华夷图》《贞元十道图》；李吉甫主持编绘的《十道图》10卷、《元和郡县图志》40卷，其中只有《元和郡县图志》部分流传下来。

此外，隋唐时期还出现了大量的区域性地图，如《河北险要图》《淮西地图》等，这些地图成为军事地图的重要组成部分。

北宋时期，著名科学家沈括发展了沙盘制作方法，把大宋与契丹接壤的沿边地形制成木制地形模型。为方便起见，后来改为石面糊木屑做在木面板上，他所在的定州，冬天寒冷，容易脱落，又改用熔蜡制作。

报送皇上，宋神宗看后甚为嘉评，并下诏边疆州效法制作。因适用于军事，很快得到推广。

元代制图学家朱思本，以实地调查资料，参考前人著作，费时10年绘成的《舆地图》，取材广博，取舍慎重，采用计里画方制图方法，精确程度超过前人，是我国地图史上一幅很有影响的地图。可惜图幅太大，不便携带翻刻，现已失传。

朱思本系元代地理学家、地图制图学家。他周游河北、山西、山东、河南、江苏、安徽、浙江、江西、湖北、湖南10省。他继承了魏晋间裴秀和唐代贾耽的画方之法，即画图时打上方格，每格代表一定里程，绘制了《舆地图》，使他成为元代地理学及中国地图史上的划时代人物。

《舆地图》以我国为主体，外国作为衬映，内容较详细，图形轮廓较准确。此图系统地使用了图例符号，成为元明清各代初年绘制全国总图的范本。

明代罗洪先将朱思本《舆地图》加以改绘，取名为《广舆图》。这部图集是以明代版图为核心，按行政区划分幅的当时地理视野所及的世界地图集。另外，该图集又配以与国民经济关系切要的一些专门性地图。

因此，构成明代一部体例完备的全国综合性地图集。这本图集在明清两代多次翻刻，流传很广，影响很大。

《广舆图》由45幅地图组成图集，其中包括《九边图》《海防图》《江防图》等幅，具有明显军事性质。

《九边图》是明代朝廷为了防御北方

计里画方 我国古代按比例尺绘制地图的一种方法。绘图时，先在图上布满方格，方格中边长代表实地里数；然后按方格绘制地图内容，以保证一定的准确性。据史料记载，这种方法始于我国晋代裴秀提出的"制图六体"原则。在我国和世界地图制图学史上具有重要意义。

055

山河丈量

测量与绘图

■我国古代地图

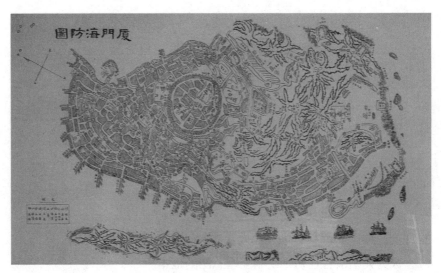

■厦门海防图

制图学 也称"地图学"。测绘学的一个分支,研究地图及其编制和应用的一门学科,具有区域性学科和技术性学科的两重性。

蓟州 我国古代行政区划名。唐朝年间析幽州置,治渔阳,即今天津蓟县。辖境约今天津蓟县,河北省三河、遵化、兴隆、玉田、大厂等市县和唐山市丰润、丰南区地。金以后西部辖境缩小。明洪武初省渔阳县入州。清不辖县。1913年改为蓟县。

瓦剌族骚扰,东起鸭绿江,西至嘉峪关,将所设的9个边防重镇,即辽东、宣府、大同、延绥、宁夏、甘肃、蓟州、太原、固原分别刻绘一幅地图。每镇均驻重兵把守,是一个相联系的北方防御体系。

每边图旁都有简略的图说,介绍驻军人数,下属各边镇兵马数目以及囤积粮草情况。

明代兵部职方主管地图的主事陈祖绶曾经对历史上遗留下来的旧图做了详尽的研究,绘制出一幅体现重视军事要素的《皇明职方地图》。

该图出于陈祖绶任兵部本职工作的需要,侧重于军事要素的绘制。例如,在绘制边疆各地理要素上,改旧图详绘境内而疏境外的缺点。还把旧图明王朝失去的土地,也绘于图内,他说绝不可"弃而不问",用来激发光复国土的信念。

《海防图》也是明代一种军事地图。海图内,不仅有倭寇入侵沿海的路线图,而且有《沿海沙山图》，该图绘有沿海城镇、岛屿、山、海、沙滩、海岸线以及屯兵营地等要素。

着重表示沿海一带山脉地形、河口海湾、小岛礁石、军营、指挥所、烽火台等。图的方位多以大陆为下端，海为上端。

《江防图》也是明代出现的一种军事地图。与《海防图》如同一对孪生姐妹，现存较完整的明代江防图是《郑开阳杂著》中的《江防图》。图内绘有长江两岸的地形、居民地、城镇和城墙、城楼、江中岛屿、江防兵要说明等。

明末清初，西方的测绘技术对我国的制图学影响很大，使我国的制图学进入近代制图学发展的新时期。康熙帝对测量地理和绘制地图很感兴趣，在其3次亲征噶尔丹及巡游东北时，都令人随时随地测量经纬，为制图做准备。

清代朝廷绘制地图，已经注意对边疆地区的历史沿革的考察和经纬度的测量。

比如雍正时期《皇舆图》除了反映我国当时的东北、蒙古、新疆、西藏以及内地15省的地形和政治、军事情况，还包括西伯利亚、

■清朝洛阳城池图

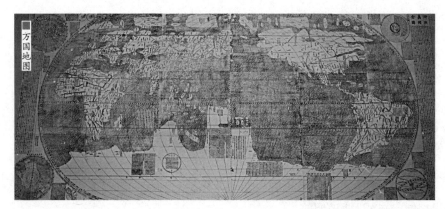

帕米尔以西地中海以东的中亚山川、河流、居民等地理内容，实为中外大地图。

清代在绘制地图时，十分明确地标出其对领土的主权范围和边疆地区的有效管辖范围。尤其注意西藏、新疆和东南海域的疆域。清代类似的地图，都具有明显军事性质。

清代绘制的国家地图不仅是国家疆域范围在18世纪的象征和有力证据，而且在科学技术上具有很高的学术价值。

阅读链接

相传在我国上古时期，九黎族部落酋长蚩尤原为炎帝臣属，炎帝被黄帝击败后，蚩尤举兵与黄帝争霸。蚩尤三头六臂，铜头铁额，刀枪不入。善于使用刀、斧、戈作战，不吃不休，勇猛无比。

黄帝根据大臣史皇提供的地形图，率军挺进九黎部落根据地冀州，与蚩尤会战于郊野。又请天神助其破之，最后消灭了蚩尤。

蚩尤勇猛的形象让人畏惧，黄帝就尊蚩尤为"兵主"，并把他的形象画在军旗上，用来鼓励自己的军队勇敢作战，诸侯见蚩尤像不战而降。

裴秀的制图六体原则

"制图六体"是晋代制图学家裴秀总结了前人制图经验提出的绘制地图的6条原则。他正确阐明了地图比例尺、方位和距离的关系，是我国最早的地图制图学理论。

"制图六体"对我国西晋以后的地图制作技术产生了深远的影响。唐代贾耽、宋代沈括、元代朱思本和明代的罗洪先等古代制图学家的著名地图，都继承了"制图六体"的原则。

■裴秀画像

■ 古代山川地图

官宦之家 家里有人做了大官，或者几辈人做官，常被人称作官宦人家。在这里，官、宦是同义词，指做官的人。另外，"官宦"一词不同于宦官，宦官专指做官的太监，而官宦是指家族长期占据高位的。这两个词应注意区分。

裴秀出身于一个官宦之家。祖父裴茂，父裴潜，都官至尚书令。裴秀自幼好学，小有才名。年长居官，初袭父爵，做尚书令。

晋武帝司马炎代魏称帝后，裴秀又先后担任尚书令和司空，在他担任司空后，除在朝廷中负责其他政务外，还负责管理国家的地图和户籍人口。

由于职务上的关系，裴秀得以接触和使用到大量的地图和地理书籍，使他对古代地理和地图进行了仔细整理和精心研究，并领导地图制作。

裴秀曾经从九州的范围至具体的山脉、河流、湖泊、沼泽、平原、高原，都一一考察落实。同时，他又结合当时的实际情况，探明了历代的地理沿革，连古代的诸侯结盟地与水陆交通也一一摸清。

对于自己暂时确定不了的，就特别注明，决不敷衍了事。最后，按1比9000000的比例，制成了著名的《禹贡地域图》18篇，成为历史上最早的地图集。

此外，裴秀还编过《方丈图》，把汉代的全国地图按1比1800000的比例缩成一幅《方丈图》。此图记载名山都邑，可不下堂而知四方。裴秀的这些地图，是当时最完备、最精详的地图。

由于长期测绘工作的实践，裴秀留下了系统、科学、合理的制图理论，这就是"制图六体"。裴秀绘制的《禹贡地域图》图集后来失传了，现在我们能见到的，只有他为这套地图集所撰写的序言。在这篇序言中，保存了他的"制图六体"理论。

裴秀在序言中详细论述了制作地图的原则和方

尚书　秦代及汉代初期与尚冠、尚衣、尚食、尚浴、尚席，称"六尚"。汉武帝时，选拔尚书、中书、侍中组成中朝或称"内朝"，成为实际上的朝廷决策机关，因系近臣，地位渐高。和御史、史书令史等都是由太史选拔。隋以后尚书为六部长官。

■古代河流地图

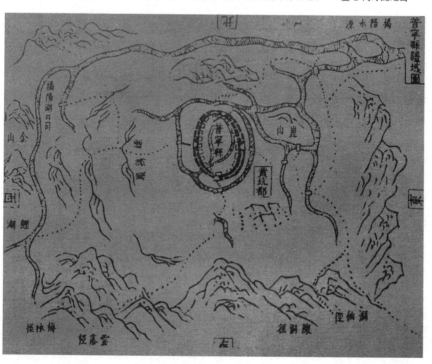

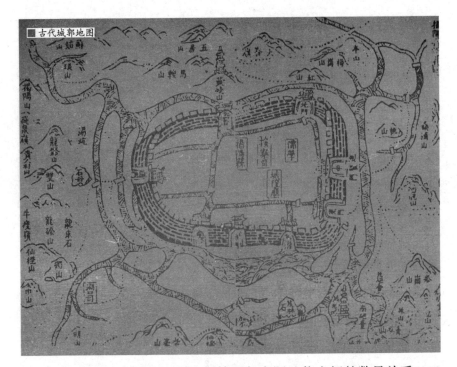

■古代城郭地图

法。一为分率，即比例，用它折算图与实际地物之间的数量关系；二为准望，即方位，用它确定地物的位置、方向；三为道里，用它确定地物间的距离；四为高下；五为方邪；六为迂直。其中后三条说明各地间由于地势起伏、倾斜缓急、山川走向而产生的问题。

裴秀认为以上六条是相互关联、相互制约的。 要考虑由于地面起伏、方向偏斜和将曲线变为直线产生的误差。即将斜距归化为水平距的改正即"高下"；方向偏差的改正即"方邪"和曲线改正即"迂直"，最后才能得到少带误差的飞鸟直达距离。

裴秀认为，制图六体是相互联系的，在地图制作中极为重要。地图如果只有图形而没有分率，就无法进行实地和图上距离的比较和量测。

如果按比例尺绘图，不考虑准望，那么在这一处的地图精度还可以，在其他地方就会有偏差。

有了方位而无里程，就不知图上各居民地之间的远近，就如山海阻隔不能相通。有了距离，而不测高下，不知山的坡度大小，则径路之数必与远近之实相违，地图同样精度不高，不能应用。

裴秀强调指出，在运用这些原则时应因地制宜，互相参照，综合运用，正确地解决了地图比例尺、方位、距离及其改化问题。这样，虽有高山大海阻隔和难以达到的绝险之地，但都可以得到正确的结果。

裴秀提出的这"制图六体"，是当时世界上最科学、最完善的制图理论。除经纬线和地图投影外，现代地图学上应考虑的主要因素，他几乎全提了出来。这一理论直至明清时期都是遵循的。

明代末期，意大利有经纬线的地图传入我国后，我国的绘图方法才开始改变。

裴秀这一时期的地图，是我国地图史的中坚，追

地图投影 利用数学方法把地球表面的经、纬线转换到平面上的方法。由于地球是一个赤道略宽两极略扁的不规则的梨形球体，因此，其表面是一个不可展平的曲面，所以运用任何数学方法进行这种转换都会产生误差和变形，为按照不同的需求缩小误差，就产生了各种投影方法。

■ 古代山野地图

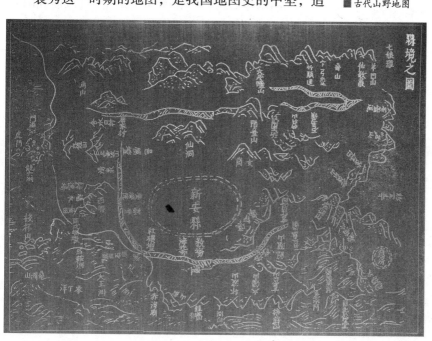

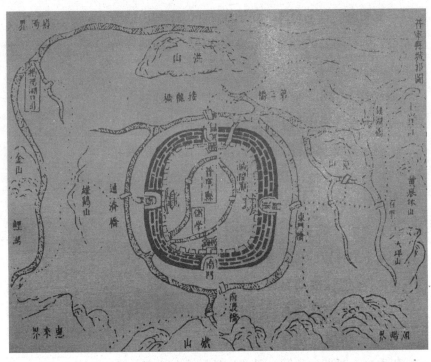

■ 古代军事地形图

贾耽（730年~805年），唐代著名政治家、地理学家。封魏国公，赠太傅，谥"元靖"。所绘制的《海内华夷图》，是继裴秀之后我国又一伟大的地图作品。著作有《古今郡国县道四夷述》《皇华四达记》等。

寻他地图制作的历程，基本可以看出明代以前我国制图的发展过程和地图的主要源流。

地图是人类表达地理景观、描述地物空间位置的一种手段，它的实用价值有时是文字效果无法比拟的。因此，华夏初民在后来与自然做斗争的过程中，逐渐发现并学会了把自己地理活动的范围用符号或图形表示出来，这便成了古典地图。

裴秀在地图学上的主要贡献，在于他第一次明确建立了我国古代地图的绘制理论，是我国古代唯一的系统制图理论，直至今天地图绘制考虑的主要问题除经纬线和投影外，裴秀几乎都扼要地提到了。

裴秀不仅总结归纳了我国远古以来地图学的丰硕成果，而且还推出了自己的创造性见解，他第一次为我国的地图绘制确立起一套较为严格的科学规范理论体系，为编制地图奠定了科学的基础，使我国的地图绘制从此进入了一个全新的发展阶段。

此后我国的制图业逐步发展至今，取得了让全世界都刮目相看的成就，这已是不争的事实。

唐代地理学家、地图制图学家贾耽师承裴秀六体，绘制了世界上最著名的《海内华夷图》。此图幅面约10平方丈，比裴秀的《地形方丈图》大10倍，可见唐代制图事业之规模。

此外，宋代石刻的《华夷图》《禹迹图》《地理图》；明代的《广舆图》；清代的《皇舆全图》及《大清一统舆图》等，无不闻名海内外。

裴秀的"制图六体"是他在亲自实践的基础上，批判继承前人制图经验而创造性地总结出来的地图绘制理论。

这一理论奠定了我国中古时期制图的理论基础，推动了地图制图学的发展，在我国地图学的发展史上具有划时代的意义，在世界制图学史上亦占有重要地位。英国李约瑟教授称裴秀为"中国制图学之父"。

阅读链接

裴秀是西晋时期的一位大臣，从小就知道勤奋学习，从不放过任何一个机会。裴秀出生于一个官僚贵族家庭，所以家中常常有客人来访。家中每次宴请客人时，母亲总是有意让他去端饭送菜，服侍客人。裴秀也特别珍惜这样的机会。

在学习待人接物的过程中，裴秀总是言语虔诚，举目有礼，借机和客人交谈几句。客人们见他如此虚心懂礼，也都很喜欢他。由于裴秀从小就养成了优雅的谈吐，所以他的名声很快就传开了。

贾耽与《海内华夷图》

《海内华夷图》是唐代
地理学家贾耽按照晋代裴秀
六体方法绘制的，比例是一
寸折百里，用不同的颜色注
记地名。这是一幅我国及邻
近地区的中外大地图。

《海内华夷图》古今对
照，以双色绘画，是继裴秀
之后我国又一伟大的地图作
品，在中国和世界地图制图
学史上具有重要意义。

■ 贾耽头像

■ 丈量土地绘制地图

贾耽从小就喜欢读地理书籍，喜爱骑马射猎。

751年，他参加科举考试，以明经登第，走上了仕途。在处理日常政务中，表现出良好的政治素质。他一生为官47年，其中居相位13年，事务繁忙，政绩突出。

与此同时，他根据国家的需要，充分利用各种机会，结合政治、军事研究地理，考察地理。

贾耽研究并绘制地图的目的很明确，是要像东汉伏波将军马援那样用米堆积立体地理模型供军事行动之用；像西汉萧何那样收集秦代地图帮助刘邦夺天下。他羡慕前哲，绘制地图，要为唐王朝的政治、军事服务。

贾耽年轻时正值安史之乱，政治不稳定，国力衰弱，没有足够的力量确保边疆安全。剑南西山三州七关军镇监牧三百所丧失，河西陇右州郡悉陷吐蕃。

国家守于内地，旧时镇戍情况不明，贾耽对此深

剑南 唐代开创了我国政区史上道和府的建制。唐代贞观年间，将全国划分为关内、河南、河东、河北、山南、陇右、淮南、江南、剑南、岭南10道。开元年间又将山南、江南各分东西，并增置京畿、都畿、黔中道，形成15道的格局。道下又设州。

■水文测量公具

为焦虑，决心绘制陇右沦陷区的地图，以备政治军事所需。

　　为获得制图数据，贾耽一方面进行广泛的调查采访，另一方面查阅中央和地方保存的旧有图籍，对"九州之夷险，百蛮之土俗，区分指画，备究源流"，从而掌握了许多第一手资料，积累起丰富的地理知识。

　　贾耽对裴秀的"制图六体"非常推崇，加以学习和借鉴。798年，贾耽果真用裴秀的制图六原则绘制出《关中陇右及山南九州》一轴。

　　此图内的政区，则依九州分区。陇右地区资料很少，他费尽心机进行调查了解，力图充实图的内容。由于贾耽对收集到的地理资料做了慎重的取舍，所以，地图所反映的歧路交通，军镇要冲，莫不如真，内容较为翔实。

　　图中不仅表示了政区的划分，还表示了交通道路以及道路的支线路、军镇、军事要地、险隘、道路与距离的里数、人口、山、水等地物。用文字注记详加说明。

　　贾耽用文字注记汇编成册，然后将图和说明一并奏之朝廷，希望作为收复失地，用兵经略的参考。

　　唐德宗皇帝览后称赞，特赐马一匹，银200两，银盘银瓶各一，以示奖励。

贾耽在地图学上的成就，主要体现在他的《海内华夷图》上。绘此图的目的是力图要把唐代统一强大的面貌表现出来，因而图幅很大，"广三丈，纵三丈三尺"，比例尺是"以一寸折成百里"。

为了绘制此图，贾耽花了30多年时间阅读文献，调查采访，认真选取资料。801年绘图完成，献给朝廷。此图今已佚，但据贾耽写的献图表文及有关记载尚可得知此图有三个特点：

一是图的幅面大，载负量丰富。图中内容当是翔实可信，除绘有国内及毗邻边疆地区的山川、政区形势外，对域外许多国家和地区的名称、方位、山川等内容，也有适量的记载。因此，称它是小范围的亚洲形势图，并不言过其实。

贾耽编图的目的，就是要使人们了解被外族占领的土地的情况。图幅的范围达到当时人们地理视野的极限，外薄四海。

二是有统一的比例尺。图中采用"以一寸折成百里"的比例，即相当于1比1800000的比例尺绘制而成。使图形轮廓比较准确。

三是图中的古今地名全部注明，开创了我国朱、墨分注古今地名的先例。此法一直为

■ 测量工具

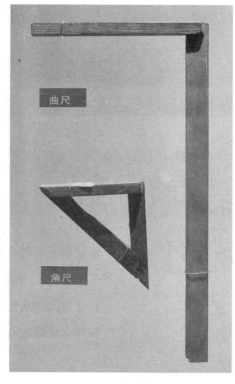

曲尺

角尺

■ 宋代航海罗盘

《新唐书》 主要作者是宋祁、欧阳修。第一次写出了《兵志》《选举志》，系统论述唐代府兵等军事制度和科举制度，这是我国正史体裁史书的一大开创，为以后《宋史》等所沿袭，保存了我国军事制度和用人制度的许多宝贵史料。

后世的历史沿革地图所沿用。

可以说，《海内华夷图》的问世，使裴秀首创的"制图六体"，在他之后500年间濒临失传的紧要时刻，被贾耽继承下来。"制图六体"从此起衰振微，对后世的地图制作产生了深远影响。

798年，贾耽完成了以黄河命名的著作《吐蕃黄河录》10卷，这是《关中陇右及山南九州》等图的文字说明，包括《关中陇右及山南九州别录》6卷和《吐蕃黄河录》或称《河西戎之录》4卷。

此书图文并茂，记载吐蕃境内"诸山诸水"的"首尾源流"。

贾耽所著《古今郡国县道四夷述》40卷，形式上也和《关中陇右山南九州别录》及《吐蕃黄河录》一样，是《海内华夷图》的文字说明，但其图、旁注各自能够独立成篇，视它为总地志性质的地理著述也不为过。

贾耽常与域外来使及出使归来者接触，因而掌握了大量的域外地理资料。后来他将这些资料加工整理，编写成书。《皇华四达记》即属这类。

《皇华四达记》10卷。从《新唐书·地理志》的引文中，得知此书中有丰富的域外地理知识。

其中写道：

> 唐入四夷之路与关戍走集最要者有通道7条：一是营州入安东道；二是登州海行入高丽渤海道；三是夏州塞外通大同云中道；四是受降城入回鹘道；五是安西入西域道；六是安南通天竺道；七是广州通海夷道。

通过这些交通路线，与周围的亚洲各国保持着密切频繁的往来，促进了中外经济文化的交流。

在"广州通海夷道"中，还详细记述了从广州经越南、马来半岛、苏门答腊，跨越印度洋，至印度、斯里兰卡、直至波斯湾沿岸各国的航线、航程，以及沿途几十个国家和地区的方位、名称、岛礁、山川、民俗等内容。

穿越马六甲海峡这段航路时写道：

> 又两日行，到军突弄山，又五日行，至海峡。蕃人谓之质，南北百里，北岸则罗越国。南岸则佛逝国。佛逝国东水行四五日，至诃陵国，南中洲之最大者。又西出，三日至葛葛僧祇国。

这是我国关于连接太平洋和印度洋这个海上交通咽喉的最早记录。

古船模型

航船进入波斯湾之后，有这样一段记述："又自提国西二十日行，经小国二十余，至提罗卢和国，一曰罗和异国。国人于海中立华表，夜则置炬其上，以使舶人夜行不迷。"

海中立的"华表"，"夜置炬其上"，就像今天在航路上设置的指引船舶夜航的航标灯。夜间有此灯导航，船舶不至于触礁和迷失方向。

唐代，广州港建有十数丈高的航标灯，时人称"光灯"。航标灯的出现，是古代劳动人民与海洋的征战中取得的成就。

贾耽成为继裴秀之后我国地图史上又一位划时代的人物。他主持绘制的《海内华夷图》以其独特之长，展现唐代的制图水平，达到了新的高峰，是我国地图史上一枚绚丽的瑰宝。

阅读链接

唐代的陆上"丝绸之路"最为繁荣。唐代出于对外政治威望与经济交流的考虑，十分重视陆路丝道的经营。

据唐太宗贞观年间宰相贾耽的地理考证，在汉代以来的南、北、中三道外，又辟两条新路。

一路由龟兹经姑墨、温宿、翻拔达岭，经赤谷城，西行至恒逻斯；另一路出庭外，经青海军、黑水守捉、弓月城，至碎叶和恒逻斯。两路汇聚恒逻斯以后，再向西行，可达西海；向南则经过石国、康国，可到波斯和大食等地区。

沈括对地理学的贡献

沈括是我国北宋中期的杰出科学家。他在自然科学和人文科学方面都有很深的造诣。

沈括对地理学的贡献在科学界独树一帜，他在测量与绘图、地质学研究等方面建树颇多。

他还发现了地磁偏角的存在，记录了气候的变化，在世界上率先给"石油"命名。可以说沈括是个多才多艺的科学家。他的著作《梦溪笔谈》被西方学者称为"中国古代的百科全书"。

■沈括雕像

辽 北宋时期全图
辽天庆元年 北宋政和元年(公元1111年)

地理探究

地学历史与地理科技

■ 北宋时期全图

澶渊之盟 北宋与辽经过多次战争后所缔结的一次盟约。宋辽之间百余年间不再有大规模的战事，礼尚往来，通使殷勤，双方互使共达380次之多，辽朝边地发生饥荒，宋朝也会派人在边境赈济。因澶州又名澶渊，故史称"澶渊之盟"。

北宋末年，与辽国之间战争不断，签订"澶渊之盟"后双方罢兵休战。辽国垂涎中原地区的繁华，仗着骁勇的骑兵，不断提出领土要求。

1075年，辽国派大臣萧禧来到东京，要求重新划定边界，他提出的边界是山西北部的黄嵬山，黄嵬山以北为辽国所有，以南为大宋朝所有。大宋如同意他的要求等于将辽国的领土向南推进了15千米。

黄嵬山是一座默默无闻、名不见经传的山脉，北宋大臣几乎是一无所知，朝廷上上下下乱作一团。这时，朝廷想起了熟识地理的沈括，命他出任谈判特使，要他既不能轻开战事，也不能向敌示弱而接受无理要求。

沈括不卑不亢，胸有成竹，他所带的武器就是他的地理学说和《天下郡守图》。

他向萧禧指出，两国按"澶渊之盟"划分边界，边界是白沟河，白沟河以北为辽国领土，以南为大宋领土，而黄嵬山在白沟河以南，是大宋的领土，而不是辽国的领土。

萧禧没有一张自己的地图，更不知道黄嵬山的准确方位，在地图面前，他感到理亏三分，气焰不知不觉地矮了一截。争论了几天后，双方无功而返，但没有将争论推向极端。

不久，沈括又受命出使辽国，在辽国首都上京再谈两国边界。这时辽国的谈判代表升了级，改成了辽国宰相杨益戒。

在谈判时，沈括再次以"澶渊之盟"为基础，以《天下郡守图》为依据，有理有节，寸步不让，而辽国宰相找不到重划边界的理由。这时，沈括又出示大宋的木制地形模型，这使得辽国宰相大为惊奇，深感大宋确有奇才能人。

沈括终于使得辽国放弃了对宋的领土要求，他不

上京 我国古都，辽代都城，遗址在内蒙古自治区巴林左旗林东镇南。辽太祖耶律阿保机于神册918年开始兴筑，初名"皇都"，926年扩建，938年改称"上京"。并设立临潢府，是辽圣宗以前的统治中心，为辽代五京之首。辽上京是我国古代漠北地区的第一座都城。

■ 宋辽边界谈判

愧是一位出色的外交家与地图学家，运用智慧捍卫了大宋的尊严，把祖国的领土。

其实，沈括的成就是多方面的，他不仅是一个出色的政治家和外交家，也是一个多有建树的科学家。

在科学研究领域，沈括除了天文、数学、医学、科研方面的建树所取得的成就外，在地理方面，他研究测绘，制作地图，对冲积平原形成、水的侵蚀作用进行研究，发现地磁偏角的存在，还记录气候变化，首先提出石油的命名等。

沈括之所以在地理方面取得多项重大成就，是和他长期的学习和积累分不开的。

沈括自幼对天文、地理等有着浓厚的兴趣，勤学好问，刻苦钻研。少年时代他随做泉州州官的父亲在福建泉州居住多年。步入仕途以后，他在外交生涯中多次出使国外，观察、研究和记录沿途地形地貌，积累了丰富的地理学知识。

他所经历的多方面见闻，后来均收入他的笔记体著作《梦溪笔谈》中。就性质而言，《梦溪笔谈》属于笔记类。从内容上说，它以多于三

■北宋东京复原模型

分之一的篇幅记述并阐发了自然科学知识，这在笔记类著述中是非常少见的。

《梦溪笔谈》被西方学者称为"中国古代的百科全书"。

在宋代，由于测绘技术的局限，绘制地图用的是"循路步之"法，也就是沿路步行丈量，用步行得出的数据绘制地图，由于道路弯弯曲曲，山川高低错落，用"循路步之"法绘制的地图与实况有很大的误差，图上差之一厘，实地就差之千米。

沈括采用"飞鸟图"也就是"取鸟飞之数"，用的是飞鸟直达的距离，有点像现在的航空拍摄，使得地图的精确度大为提高。

沈括在视察河北边防的时候，曾经把所考察的山川、道路和地形，在木板上制成立体地理模型。这个做法很快便被推广到边疆各州。

1076年，沈括奉旨编绘天下州县的地图。他查阅了大量档案文件和图书，又经过了近20年的坚持不懈的努力，终于完成了我国制图史上的一部巨作《天下郡守图》。

《天下郡守图》是一套大型地图集，共计20幅，其中有大图一幅，高4米，宽3.3米；小图一幅；各路图18幅，是按当时行政区划，全国分18路而制作的。图幅之大，内容之详，都是以前少见的。

笔记 我国古代记录史学的一种文体。意谓随笔记录之言，属野史类史学体裁。有随笔、笔谈、杂识、日记、札记等异名。笔记形式随便，又无确定格式，诸如见闻杂录、考订辨证之类，皆可归入。正式把笔记用于书名的始于北宋的宋祁，著有《笔记》3卷。

■ 沈括画像

事实上，正是由于他的地理学说与《天下郡守图》，使他在与辽国的边界谈判中发挥了重要作用，起到了10万士兵都难以达到的威力。

在制图方法上，沈括不仅能确定精确的方位、比例，而且能校正因地形起伏、道路曲折而产生的测量误差。他首创了地形高程测量的方法。

沈括创"分层筑堰"测量地形的方法，测量了汴河河道地形，测量了自河南开封上善门至泗州淮口的直线距离。这是世界最早的精密地形测量，在世界水利史上是一个创举。

"分层筑堰"是把汴渠分成许多段，分层筑成台阶形的堤堰，引水灌注入内，然后逐级测量各段水面，累计各段水面的差，总和就是开封和泗州间"地势高下之实"。

仅仅四五年时间里，就取得引水淤田约11万公顷的显著成绩。在对地势高度计算时，其单位竟细到了寸分，可见，沈括的治水态度是极其严肃认真的。

在实地测量的基础上，沈括用胶泥、木屑与熔蜡混合，制造出几种不同的地图模型，然后再复制成木刻地理模型。这比欧洲最早的地理模型早了多年。地图和地图模型都有详细的说明书，以备后世图亡佚时，如果得到说明书，按每个方位布置地物点位及郡县，立可成图。

沈括提出分率、准望、互融、傍验、高下、方斜、迂直等九法，这和西晋裴秀著名的"制图六体"是大体一致的。他还把四面八方细分成24个方位，使图的精度有了进一步提高，为我国古代地图学做出了重要贡献。

在地质学方面，沈括奉命到北方边疆视察，路过太行山麓，看到螺蚌化石。

据此，他推断这里过去是海滨，现在距海已近千米了。并进而推断华北平原是由黄河、滹沱河、涿水、桑干河等冲积形成的。根据化石来恢复古地理环境，是沈括在地学史上的伟大贡献之一。

他还从黄河等河流的侵蚀和沉积以及历史记载，来说明华北大平原是由这些河流自上流冲积带来的泥沙沉积而成的。这是对华北平原成因最早的科学解释。

他还论述了上耸千尺、峭拔险奇的雁荡诸峰，其高岩峭壁的顶部，适在同一平面之上，由此推断雁荡诸峰是由流水侵蚀作用形成的。

流水将疏松破碎的岩石、土壤冲走，留下坚硬、固结的峭峰，因而其巅高度会在同一平面之上。此后他又以黄土高原为例，进一步阐明了流水的侵蚀、沉积原理。

在气候学方面，沈括根据延州永宁关大河岸崩，入地数十尺，其下出土一石笋林，共有数百茎，都变为化石。因而推断这里气候早年湿热，竹生繁茂。根据化石来研究古气候变

《梦溪笔谈》插图

■ 沈括著作《梦溪笔谈》

地磁偏角 地球表面任一点的磁子午圈同地理子午圈的夹角。因指南针、磁罗盘是测定磁偏角最简单的装置，所以磁偏角的发现和测定的历史也很早。宋代科学家沈括在《梦溪笔谈》中指出："然常微偏东，不全南也。"这是世界上关于地磁偏角的最早发现和记载。

迁，沈括也是世界上最早的。

他还记载了有关虹和大气的折射现象，认为"虹乃雨中日影，日照雨则有之"，论证和解释了这一天空大气折射现象的科学原理。

他还记录了登州，即山东蓬莱的"海市蜃楼"现象，指出这种现象不仅出现在海滨，也会出现在大陆。这是一种大气的折光现象。

沈括又科学地描述了龙卷风发生时的全部过程和外表形态。其外形望之插天如羊角，具有强大的破坏力，所经之处，官府、房舍、居民住家一扫而空，通通卷入云中去了。甚至会使县城变为废墟。

他对龙卷风的细致描述，证明了龙卷风的分布并不仅仅是南美洲独有的现象，当时的我国也曾发生过龙卷风。

沈括对物候学也有过杰出的研究，说明了温度随地势的增高，会相应下降。植物开花也跟着会在时间、季节上延缓。同一种植物，因品种不同，发育期也不同。

■ 古代测量工具连体罐

同一品种的植物，其习性可以因人工栽培而改变。改善植物的水、肥、光、温条件，也会促使植物早熟。他系统地提出了物候随高度、生物品种、纬度高低、人类生产活动的变化而变化的理论，在世界上也是首创。

沈括在《梦溪笔谈》中留下了历史上对指南针的最早记载。他在书卷第二十四《杂志一》记载："方家以磁石磨针锋，则能指南，然常偏东，不全南也。"这是世界上关于地磁偏角的最早记载。

沈括在《梦溪笔谈》的《补笔谈》第三卷中《药议》中又记载："以磁石磨针锋，则锐处常指南，也有指北者，恐石性也不同。"

沈括在世界上最早经实验证明了磁针能指南，然常微偏东，记录了地理子午线和地磁子午线指示的方向并不完全一致。因而他是世界上最早经实验证实并记录了地磁子午线不正南，而微偏东，也是世界上最早发现并记录了地磁偏角的科学家之一。

沈括不仅记载了指南针的制作方法，而且通过实

物候 主要指动植物的生长、发育、活动规律与非生物的变化对节候的反应。例如，植物的冬芽萌动、抽叶、开花、结果、落叶；动物的蛰眠、复苏、始鸣、繁育、换毛、迁徙等，均与节候有密切关系。非生物现象，例如始霜、始雪、结冻、解冻等，也称"物候现象"。

验研究，总结出了四种放置指南针的方法：把磁针横贯灯芯、架在碗沿或指甲上，以及用丝线悬挂起来。最后沈括指出使用丝线悬挂磁针的方法最好。

沈括是世界上最早记录了石油，并断言石油必大行于世的科学预言家。

有一次，沈括在书中读到"高奴县有洧水，可燃"这句话，觉得很奇怪，水怎么可能燃烧呢？他决定进行实地考察。

在考察中，他发现了一种褐色液体，当地人叫它"石漆""石脂"，用它烧火做饭、点灯和取暖。沈括弄清楚这种液体的性质和用途，给它取了一个新名字，叫"石油"。并动员老百姓推广使用，从而减少砍伐树木。

沈括在其著作《梦溪笔谈》中记载"鄜、延境内有石油"，并且预言"此物后必大行于世"，是非常难得的。沈括发明的"石油"这个名词便一直沿用至今天。

多才多艺的伟大科学家沈括在地理科学上的贡献，也证明了他在许多方面攀登上了当时世界的高峰。

阅读链接

沈括小的时候，有一次他读到白居易的诗句"人间四月芳菲尽，山寺桃花始盛开"，心中却疑惑起来：为什么我们这里花都落了，山上的桃花才开始盛开呢？

为了解开谜团，沈括约了几个小伙伴上山去看看。四月的山上，乍暖还寒，凉风袭来，冻得人瑟瑟发抖。沈括茅塞顿开，原来山上的温度比山下要低很多，因此花季才比山下来得晚哪！

凭借着这种求索精神和实证方法，长大后的沈括写出了《梦溪笔谈》，其中记载了很多自然地理知识。

古人常常以"上通天文，下知地理"来形容一个人学识渊博，但得跋山涉水或勤奋读书才可以办到。其实，我国古代的地理著述极为丰富，对地理事物的发生过程分析得也很深刻。

在我国古代文献中，记载山河的典籍有很多，如《诗经》《禹贡》《山海经》《管子》《汉书·地理志》《水经注》和《徐霞客游记》等。

它们记载了当时地理环境、动植物、矿产、神话传说等，既是重要的史地文献，也是我们了解古代地理知识的宝贵资料。

记载天下

记载与研究

记录地理概况的《诗经》

《诗经》产生在与现存迥然不同的地理生态环境之中，从而直接影响着先民的生活方式。它不仅记录了那个时代人们的心灵与感情，也记录了当时的地理信息。

《诗经》记录的地理信息，包括地理环境面貌、丰富的物候经验、天气现象、聚落与城址选择、大地形状的概念和地壳变动的思想等，反映了那时的地理状况及人们的认识水平。

■《诗经》中描绘的山川

《诗经》记录了当时地理环境面貌，如《大雅·韩奕》中有："奕奕梁山，维禹甸之。""孔乐韩土，川泽訏訏。鲂鱮甫甫，麀鹿噳噳。有熊有罴，有猫有虎。""献其貔皮，赤豹黄罴"。

■《诗经》中描绘的自然风光

这段话翻译过来就是：巍巍梁山多高峻，大禹曾经治理它。身在韩地很快乐，川泽遍布水源足。鳊鱼、鲢鱼肥又大，母鹿、小鹿聚一处。有熊有罴在山林，还有山猫与猛虎。珍贵貔皮做贡献，赤豹黄罴也送京。

诗中的梁山有人说它在陕西省的韩城，也有人说它就是今天北京的石景山。

诗中描述了当时的地理环境，有宽广的河流、众多的湖泽里面有众多的鲂鱼、鲟鱼，游来游去。麀鹿一群群，噳噳的叫声响彻原野。熊和棕熊出没森林。山猫、老虎在森林与草原的边缘，时隐时现。这是一

韩地 我国古代诸侯国名。位于陕西省东部，黄河西岸。为姬姓之国。姬姓是中华上古八大姓之一，为黄帝之姓、周代的国姓，得姓始祖为华夏民族的人文共祖轩辕黄帝。黄帝本姓公孙，因长居姬水，改姓姬。韩地后为晋所灭，故大夫韩氏以为邑名。

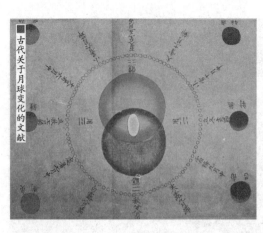
古代关于月球变化的文献

派森林与草原的风光，其间湖沼分布很广，野生动物很多。

《大雅·桑柔》篇描绘镐京附近的动植物，"瞻彼中林，甡甡其鹿"。意思是说，看那丛林苍莽莽，鹿群嬉戏多欢畅。这里当时确实是人少而群兽多。

《诗经》记载，在《孟子·滕文公》中也得到印证，其中说，周武王曾经"驱虎、豹、犀、象而远之"，可见周初黄河流域，甚至京城郊区还有不少野生动物。

当时黄河流域的广大地区，正是农业大兴，人类社会刚要大规模干预与影响原生地理环境之时。所以，《诗经》的记载对恢复我国黄河流域未经人类活动大规模干预之前的原生地理面貌是有意义的。

古代积累了丰富的物候经验，也被记录在《诗经》中。相传《豳风·七月》这首诗是公元前1100年，周公辅佐周成王时因其年幼，不知道一年四季农业生产的艰难，就把农业物候知识，细细向他述说。

《豳风·七月》这首诗是《诗经》中反映物候经验的典型篇章，涉及一年四季的每一个月份。

正月开始修锄犁；二月耕种，祭祖先；三月修剪桑树枝；四月远志结籽；五月闻听蚱蜢弹腿叫声；六月纺织娘振翅，食李和葡萄；七月伯劳声声叫，蟋蟀

周成王（前1055年～前1021年），西周第二代国王。周成王亲政后，营造新都洛邑、大封诸侯，还命周公东征、编写礼乐，加强了西周王朝的政权。周成王与其子周康王治理期间，社会安定、百姓和睦，被誉为"成康之治"。

周武王（约前1087年～约前1042年），周文王次子。谥号"武"。西周时代青铜器铭文常称其为"珷王"，史称"周武王"。他继承父亲遗志，建立了西周王朝，表现出卓越的军事和政治才能，成为了我国历史上的一代明君。

在田野，可吃瓜，煮葵又煮豆；八月割芦苇，绩麻，打红枣，摘葫芦；九月拾秋麻籽，修筑打谷场，开始降霜，妇女缝寒衣，蟋蟀进门，随后钻进床下；十月树上叶子落，下田收稻谷，清扫打谷场，庄稼收进仓；十一月上山猎貉；十二月猎人会合，继续操练打猎功。

诗中的季节，既有周历又有夏历。诗中的内容反映了当时对虫、鱼、鸟、兽以及许多植物的萌发期、开花期、抽穗期、分蘖期等已有透彻了解，并以此来确定农业生产的活动，使之不误农时，符合节令。

在《诗经》的天象记载中，科学贡献最突出的是《小雅·渐渐之石》篇，内有诗句："月离于毕，俾滂沱矣。"意思是说，月亮运行，刚离开毕星，就会大雨滂沱。

这一奇妙的天文、气象现象，远在3000多年前就被我们的祖先认识到了，并记录在诗歌里。月相历来和降水关系密切。

月相的变化是由太阳、地球和月球三者位置的变化所引起的。每当月亮运行离开毕星的位置时，就会引起大风或飓风，从而带来滂沱大雨。

这个天文、气象现象还在《尚书·洪范》和《孙子兵法》等古代典籍中作了相似记载。

另外，《小雅·十月之交》记载：

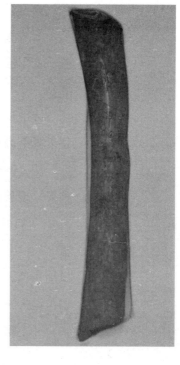
■ 古代关于日食的文献

■ 自然风光

周文王（前1152年~前1056年），黄帝的后裔。商纣王统治时，他被封为西伯，也称"伯昌"。他治理岐山50年，使岐山的政治和经济得到了极大发展。其子姬发得天下后，追尊他为"周文王"。孔子称周文王为"三代之英"。

"十月之交，朔月辛卯。日有食之，也孔之丑。彼月而微，此日而微；今此下民，也孔之哀。"

意思是说，九月底来十月初，十月初一辛卯日。天上日食忽发生，这真是件大丑事。月亮昏暗无颜色，太阳惨淡光芒失。如今天下众黎民，非常哀痛难抑制。

诗中记载的日食发生在公元前776年9月6日。这是世界上最早的日食记录。

从《诗经》的歌咏中，可以看出当时的人们对各种天气现象已有明确的认识了。

《邶风·北风》："北风其凉，雨雪其雱。""北风其喈，雨雪其霏。"意思是说，飕飕北风周身凉，漫天雨雪纷纷扬；北风喈喈来势猛，纷飞雨雪漫天飘。

《小雅·信南山》："上天同云，雨雪雰雰。"

意思是说，满天浓云，雨雪将纷纷落下来。

《小雅·四月》："四月维夏，六月徂暑。""秋日凄凄，百卉具腓。""冬日烈烈，飘风发发。"意思是说，四月为立夏之初，六月才盛暑。秋风凄凉，它一到来，花木就枯萎叶落。冬天寒厉，飘来的风冷入骨。

《鄘风·蝃蝀》："朝隮于西，崇朝其雨。"意思是说，西半天清晨挂着虹，从晨时到午时的大半天都要下雨。

《小雅·谷风》："习习谷风，维山崔嵬，无草不死，无木不萎。"意思是说，从山谷上面吹来的焚风，又热又干，所到之处，无草不死，无木不萎。

这些诗句中，表达天气现象的概念使用正确，还表达了一些天气现象之间的因果与过程。

《诗经》中还有聚落与城址选择，以及居住区规划的记载

《大雅·公刘》歌颂了周文王十二世祖先公刘的

公刘 我国古代周部族的杰出首领、周先祖不窋的孙子、鞠的儿子、周文王的祖先。他带领族人开垦荒地，兴修水利，制造农具，整修田园，种植五谷，发展畜牧，传播农耕文化，对我国农业区域的形成与发展做出了很大贡献。

■古代梯田遗址

■ 古代农耕场景

左丘明（前556年~前451年），春秋末期曾任鲁国史官，我国古代伟大的史学家、文学家、思想家、军事家。著有我国重要的史书巨著《左氏春秋》，又称《左传》，还著有《国语》，两书记录了不少西周、春秋的重要史事。其历史、文学、科技、军事价值不可估量，为历代史学家和文人所推崇。被誉为"文宗史圣""经臣史祖"。

功绩。他带领周族迁居于豳地，便去察看地形，选择聚落居址。

公刘爬上山顶，又下来站在平地上，选择水源丰富、地形宽敞的地方，百泉在这里涌出，小河在这里经过，背靠山冈。于是，他就让周人在这里安安稳稳地住下来。

公刘带领人们在山的南坡开垦与整平土地，引泉灌溉。在较高的台地上建造城池和房屋，在这高台地附近有一块大平地，以资耕种。

由此诗反映出来，我们的祖先已能测定方向。《诗经》中说："维南有箕，维北有斗。"南箕、北斗就是用恒星的位置来判别方向的。用此测定方向、测定一年四季。同时也反映出公刘时代已能选择农业发展、城市建筑的地理环境。

《诗经》中关于大地形状的概念和地壳变动的思

想，集中反映了古人对地理现象的思考和认识。

《小雅·十月之交》里记录了公元前780年所发生的大地震："烨烨震电，不宁不令。百川沸腾，山冢崒崩。高岸为谷，深谷为陵。"意思是说，雷电轰鸣又闪亮，天不安来地不宁。江河条条如沸腾，山峰座座尽坍崩。高岸竟然成深谷，深谷却又变高峰。

这一现象与春秋末期鲁国史官左丘明在《国语·卷一·周语》中记录的"幽王二年，西周三川皆震……是岁也，三川竭，岐山崩"，在时间和地震现象上都是吻合的。

《小雅·正月》记载："谓天盖高，不敢不局，谓地盖厚，不敢不蹐。"意思是，人说天空多么高，我却怕撞把腰弯。人说大地多么厚，我却怕陷把脚踮。反映了当时已有天高地厚的思想，是大地形状观念的反映。

在《诗经》里，不同地貌类型已形成了概念化的名称。如山、岗、丘、陵、原、隰、洲、渚等。对其上有植物覆盖的叫"屺"；没有草木的称为"岵"。

根据地表形态的不同，又在类型名称上冠以形容词。如"顿丘"是单独一个山丘；"阿丘"是偏高的山丘等。这表明那时人们对地表

古代野兽

形态已形成粗略的分类概念了。

另外，对于湖泊和沼泽，也有了不同分类，如沼、泽、寒泉、肥泉、槛泉等概念。

《诗经》还有关于地形与植物相互关系的记载，比如记录了植物群落当中一种植物出现必有另一种伴生。

《诗经》中创立了乔木、灌木的名称。比如《周南·葛覃》中说"黄鸟于飞，集于灌木"；《周南·汉广》中说"南有乔木，不可休思"；《小雅·伐木》中说"伐木丁丁，鸟鸣嘤嘤，出自幽谷，迁于乔木"等。此外还首记了植物的寄生现象。

《诗经》留下了大量的地名，大致可以分为山名、水名、城邑名和国名四类。以山名为例，《诗经》中的山名与国名、城邑名不同，它比较稳定。今天可以确考的有"南山"，就是现在的山东省曹县东南曹南山；"终南"，就是现在的陕西省西南的终南山；"敖"，即现在的河南省荥阳敖山；"岐"，在陕西省岐山县；"旱"，在陕西省南郑等多个山名。对于研究我国对山地的开发，是有意义的。

总之，《诗经》作为我国文学史上最早的诗歌总集，其中所反映的地理信息是非常丰富的，是人们了解我国古代地理的重要史料。

阅读链接

《诗经》所录诗歌时间跨度长，从西周初年直至春秋中期，涵盖地域广泛，黄河以北直至江汉流域的都有。

如果找来一张彩色的中国地形图，就可以发现，《诗经》产生的主要地区正是地图上用绿色和浅绿色所标志的区域，而绿色正是与水紧密联系着的。

在古代这一区域，更是河流湖泊遍布，以黄河为主干，构成了网络交织的地貌结构，也生活着各种各样的野生动植物，成为华夏先民活动的最主要的舞台。

具有地理观念的《禹贡》

《禹贡》假托大禹治水以后的地理区划，首次全国分成九州：冀州、兖州、青州、徐州、扬州、荆州、豫州、梁州和雍州，记述了九州之内的山岭、河流、土壤、物产等，还描述了主要的山脉河流的走向。

《禹贡》把全国划分为九州，是原始地理区划的先驱，对我国几千年来的地理观念，产生了深远的影响。

■大禹治水画像

■ 绍兴大禹陵壁画

鲧 我国先秦时期的历史人物，黄帝的后裔、玄帝颛顼的玄孙，是夏朝开国君主大禹的父亲。鲧、禹治水是我国最著名的治水故事，其所隐含的史实对我们有着极其重要的意义，很可能就是由于这场洪水，导致了我国历史上第一个国家政权的建立。

据传说，夏部落曾发生特大洪水，部落联盟举鲧治水，结果失败了。鲧的儿子禹继父业。禹总结了父亲治水失败的教训，改革治水方法，以疏导河川来治水，用水向低处流的自然趋势，疏通了九河。

禹亲自率领老百姓风餐露宿，整天泡在泥水里疏通河道，把平地的积水导入江河，再引入海洋。禹坚忍不拔，勇于开拓的精神，经过了13年治理，终于取得了成功，消除中原洪水泛滥的灾祸。

在治水的过程中，禹走遍天下，对各地的地形、习俗、物产，都了如指掌。当时洪水横流，不辨区域，为了便于治理洪水，禹重新将天下规划为九州，即冀州、兖州、青州、徐州、扬州、荆州、豫州、梁州和雍州。

禹还经常到南方巡视，在涂山约请诸侯相会。禹为纪念这次盛会，把各方诸侯部落酋长们送来的青铜铸成9个鼎，在上面刻画九州图形，象征天下九州归于统一。

《尚书》中有一篇《禹贡》，记述了大禹划分九州的传说。九州是我国最早的行政区划，无论其可信程度如何，人们总是习惯把我国称为"九州"。因为是大禹划分九州，因此，古代人又常常把我国称为"禹域"。

其实，《禹贡》的内容远不止介绍大禹治水的过程。《禹贡》阐释了各州的山川方位和走向、土壤性质、物产分布、贡赋的等级和物品等情况，以及进贡经行的路线。

《禹贡》不仅反映了禹在治水过程中建立的伟大业绩，更重要的是，其中所包含的地理信息，已经使它成为我国古代文献中一篇具有系统地理观念的著作，在世界上也是极古老的区域地理先驱。

由于《禹贡》的内容以大禹治水为主，向来列于虞夏书中，以致古来认为是大禹的亲笔。经近人研究确认，《禹贡》大约成书于春秋末期和战国初期，基本上是依据孔子时期所了解的地理范围和地理知识编写而成的。

《禹贡》中所谈到的我国

095

■ 大禹塑像

当时的地理疆土，主要包括长江中下游、黄河中下游以及这两条河流之间的平原和山东半岛，西面达到渭水和汉水的上游，包括山西和陕西的中南部。

《禹贡》全篇只有1200字左右，由"九州""导山""导水"和"五服"4个部分组成。

"九州"部分主要依据自然条件中的河流、山脉和大海的自然分界，把所描述的地区分为冀、兖、青、徐、扬、荆、豫、梁、雍九州。

如把山西、陕西交界的黄河以东、河南黄河以北、河北黄河以西的地区划为冀州；把山东济水与河北黄河之间的地区划为兖州；把湖北荆山与河南黄河之间的地区划为豫州等。

这种区分具有明显的地理学意义，带有自然区划思想的萌芽。但在当时九州的区界不很明确，只是提供了一个约略的范围。

按照禹治水途经的路线，《禹贡》对各州的山川、湖泽、土壤、植被、特产、田赋和运输路线等自然条件，都做了描述，较真实地反映了各个地区的地理特色。

■夏禹王像轴

如对冀州和兖州的描述。指出了冀州是一种松散的白色土壤，农田属于上等，有些地方较差，田地属于中等。

兖州经过禹的治理，黄河的9条支流都流进自己的河道，雷夏这个地方变成沼泽。此州以桑田养蚕，土壤是黑色的肥土，草木茂盛，树木高大，田地属于中等。贡品是漆和蚕丝，在贡品的篮子里有各

种花纹和颜色的织品。

又如兖州某些地方出产漆、丝，又出产精美的竹编手工业品。手工业、丝织业发达。工艺水平较高，能织有花纹的锦缎。

再如扬州出产三色铜、"瑶"（即美玉）、"琨"（即美玉）、"齿"（即象牙类）、"革"（即皮革）、"羽"（即鸟类的羽毛）、"毛"（即旄牛尾）等。

对其他各州的描写也都比较真实，比如由兖州南下至徐州，此地已呈草木渐生的面貌。南方的扬州更是草木繁茂，正确反映了淮河下游和长江三角洲之间自然景观的变化。

关于水系，《禹贡》说兖州沿济河、漯河，可入黄河。徐州则从淮河下游的徐州，可由淮河航行到泗水，再入荷水。

由于漯河是黄河下游的一个支流，古时济、漯相通，荷水又与济水相通，因而当时兖州、徐州和冀州的水系是相互贯通的。

《禹贡》还讲到其他各州与冀州通过水路或某段海路、陆路相互衔接的多条贡道，把以黄河为中心，主要利用水道通向帝都的水陆交通网络清晰地描绘出来。当然有些贡道的描述既不准确，也不实际。如雍州有些水道就是无法通航的。

《禹贡》根据土壤的颜色和性状，将九州的土壤分为白壤、黑坟、赤埴坟、涂泥、青黎、黄壤、白坟、坟垆等类别，这是有一定分类价值的。

《禹贡》中专论山岳和河流的"导山"与"导水"两部分内容，是纯粹地理的内容，它们开创了我国关于区域地形的分部门研究的范例。"导"字被认为是"治理"的意思，与禹治水的史迹相联系。

"导山"按照从北向南的顺序，采取列举山名的方式，把我国的山系分为由西向东延伸的四列。

第一列相当于渭水以北和潼关以东的黄河北部的诸山，从陕西西部的岍山、岐山开始，向东过壶口、雷首、霍山、砥柱、王屋、太行、恒山至靠近渤海的碣石山，共12座山。这一列在冀州境内最长，而且多转折。

第二列大部分相当于秦岭山脉，从青海的西倾山，经鸟鼠同穴之山、太华、熊耳、外方至桐柏，终于至"陪尾"山，共8座山。

第三列从汉水流域的陕西冢山至湖北的荆山、内方山，终于湖北、河南交界的大别山，共4座山。

第四列由长江流域的岷山、衡山到敷浅原共3座山组成。其中的敷浅原可能在现在的江西德安县境内。

这4列山系都是由西向东延伸，而且西部集中，东部分散，正确反映了我国西部多高山，东部多平原的地形特点。

"导水"部分被认为是《禹贡》地理的精华。它按照先北后南、先上游后下游、先主流后支流的顺序，对九州向靠近黄河的帝都贡赋所经过的水道中的9条河流的水源、流向、流经地、支流和入海口等作了详细地描述，开我国水文地理的先声。

《禹贡》首先讲到的是雍州的弱水和黑水。弱水是甘肃张掖西部的一条内陆河，它北经合黎山，流入巴丹吉林沙漠，这大致是正确的，也符合我国干燥地区内流水道的特点。

接着讲到黄河、长江和济水。战国时期我国古人

贡道 指进贡所经的道路。传说禹在治理洪水时，曾确定各诸侯向中央王朝进献贡品的专用道路。据记载，周武王伐纣灭商后，曾以洛邑为帝都，并迁大禹时的九鼎于此。显然，营洛邑迁九鼎，主要因这里是天下之中，四方入贡远近皆宜。

■大禹神话故事石刻

贡赋制 主要指的是夏商周时期的分封制时，封国实际上还是附属地，周天子权利最大，他们就要通过上贡的形式缴税。包括土地分配、粮食生产、实物税、地租与劳役等内容。周王将土地分封给诸侯，各诸侯须向周王交纳一定的财物作为贡赋。这就是我国赋税制度的雏形。

已知黄河源在青海境内了，但对黄河的了解未能达到最上源。

文中说禹治理长江时曾到达岷山，这就包含有长江发源于岷山之意。在当时，人们对金沙江的状况还不了解，所以未把它看作长江的主源，而把远在东边、水量颇大的岷江看成是长江的正源，这是对长江之源认识过程中一个可以理解的历史曲折。

关于济水，《禹贡》认为在冀州境，入于河的济水，又从地下潜流到济渎和龙潭地面涌出，再伏潜而出于陶丘北，这才是真正的济水。《禹贡》对济水与汶水以及淮水与泗、沂两水的关系，做了正确叙述。

《禹贡》最后讲到黄河的两大支流渭水和洛水，对于它们的发源和它们入黄河所汇的支流，都做了准确的叙述。

"五服"部分反映了大一统思想。它不受诸侯割据形势的局限，把广大地区看作一个整体，以帝都为

■ 大禹带领人们治水

中心，向外扩展。

所谓"五服"，就是以帝都为中心向外扩展，250千米之内的地带为"甸服"，即王畿；再向外250千米之内为"侯服"，即诸侯领地；再次为"绥服"，即我国文化所及的边境地区；"要服"，即结盟的外族地区；"荒服"，即尚未开化地区。

这表明了贡赋制和政治文化影响随距离帝都的远近而不同的事实。

由于《禹贡》所言的"五服"范围远超过当时实际了解的地域，对四周边缘地带只能做出粗略的交代，不过还是正确地指出了我国东临大海、西北为沙丘移动的沙漠的事实。

"五服"划分所反映的原始的大一统理想，对我国多民族国家的形成与发展，对封建中央集权制的形成有积极作用。

总之，《禹贡》不仅是我国最古老、最系统的地理文献，而且它关于九州区划、山岳关联、水道体系、交通网络以及土壤、物产、景色的描述，都体现出明确的地理观念。

它在我国地理学历史发展过程中的重要地位，对我国后世地理学的发展，产生了深远影响。

阅读链接

禹在治水期间，拿着量测工具，从西向东，一路测度地形的高低，还树立标杆，规划水道。他带领治水的民工，走遍全国各地，根据标杆，逢山开山，遇洼筑堤，以疏通水道，引洪水入海。

禹为了治水，费尽脑筋，不怕劳苦，从来不敢休息。他与涂山氏女娇新婚不久，就离开妻子，踏上治水的道路。后来，他3次路过家门口，都没有停下来。

因治洪水有功，人们为表达对禹的感激之情，尊称他为"大禹"，即"伟大的禹"。

寻源的奇书《山海经》

在我国古代的典籍中，《山海经》是一部具有独特风格的作品。《山海经》的意义在于从生产中总结出来的经验，从生产中获得的地理知识，也要应用于社会、国家的经济建设。

《山海经》中包含着我国古代地理、历史、神话、动植物等多方面的内容。它是研究我国古代自然地理和人文地理的重要史料，被称为"探祖寻源的奇书"。

■夸父雕刻

据史籍记载，黄帝时期，在北方大荒中，有一座大山，拔地而起，高与天齐。山上居住着夸父族，他们个个身材高大，力气超强。

不久，大地发生了严重的旱灾，太阳像个大火球，烤得大地龟裂，江湖干涸，一片荒凉。夸父族全体出动找水抗旱，但江湖干涸，无水可找。于是，勇敢的夸父首领发誓要把太阳摘下来。

太阳见夸父真的发火了，也有点心慌，加快速度向西落去。夸父首领拔腿就追。太阳一面加快滑行，一面向夸父射出热力，想阻止他前进。但是，执着的夸父尽管汗如雨注，却不肯停步。

夸父瞬息间已追了万里，追至太阳落下的地方——禺谷。太阳眼看无处可逃，就将所有的热量一齐向夸父射去。

■《山海经》描述中的山川

大荒 指边远荒凉的地方。以"大荒"命名的地区或者国家通常都是指其偏远荒凉。有时也指大灾。传说大荒当中有座山成都载天山，居住着大神后土的子孙，称夸父族。后土生了信，信生了夸父。夸父曾经追赶太阳的光影，直追至禺谷，力竭而死。

夸父一阵头晕目眩，眼前金星乱迸，口干舌燥，双手不觉软垂。

"不能倒下去！"夸父一面鼓励自己，一面俯身去饮黄河的水，想喝点水后再捉太阳。哪知他喝干了黄河，连支流渭水也喝干了，还是感到口渴难忍。

倔强的夸父决心去喝大泽的水，再去和太阳较量。大泽又叫"瀚海"，是鸟雀们滋生幼儿和更换羽毛的地方。夸父刚走到大泽边，还没俯下身来，一阵头晕，"轰"的一声，像座大山似的倾倒了。

夸父遗憾地看着西沉的太阳，长叹一声，把手杖奋力向太阳抛去，闭上了眼睛。随即，他的身躯化作夸父山。

第二天早晨，太阳神气活现地从东方再次升起，一看到夸父，不由暗暗钦佩其勇气。说也奇怪，经太阳光一照，夸父的手杖竟化成一片桃林，满树挂着硕大的果实。

夸父死了，他并没捉住太阳。可是天帝被他的牺牲、勇敢的英雄精神所感动，惩罚了太阳。从此，他的部族年年风调雨顺，万物兴盛。夸父的后代子孙居住在夸父山下，生活非常幸福。

记载这个故事的史籍就是《山海经》，名为"夸父逐日"。这是一篇很有教育意义的神话故事，表现了远古人们意志坚决，不畏艰难的勇气。同时，这个故事也包含了远古时期人们对大地的认识。

在现代人看来，大地是球形的，时刻都在围绕着太阳运转，太阳根本不会落入地球，更何况向西迁移，不是被高山挡住，而是到了地球的另一边。

但对远古时期夸父族这样的一个内陆部族来说，大地是球形的，地球绕太阳运转以及我国西北部的地理状况，他们一无所知。

他们最多可能从靠近黄海、渤海的部族那里知道：东面，就是大海，太阳从海中升起。至于西面走到尽头，则是太阳落下的叫作禹谷的这个地方。

其实，与其说《山海经》是一部神话故事集，不如说它记录着很多可以考实的地理知识。

《山海经》相传为唐虞时期大禹、伯益所作，包括《山经》5卷、《海经》8卷、《大荒经》5卷。此书从形式到内容都以叙述各地山川物产为主，尽管夹杂有神话但比例不大，无疑是一部早期地理书籍。

《山海经》记载的山川比早些时候的《禹贡》更为丰富。它以神话的形式描述了我国有记载历史上最早的山川形胜的系统分类。比如其中的《五藏山经》以山为纲，分东、西、南、北、中5个山系，分叙时包含有很多地理知识。

《东山经》包括今山东省及苏皖北境。总共有46座山，连绵9430千米。

《南山经》东起浙江

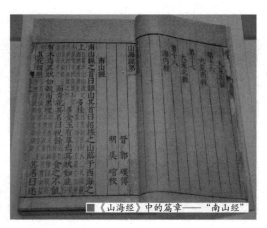

《山海经》中的篇章——"南山经"

省舟山群岛，西抵湖南西部，南抵广东省南海，包括今浙、赣、闽、粤、湘5省。大大小小总共40座山，绵延8290千米。

《西山经》东起山、陕间黄河，南起陕、甘秦岭山脉，北抵宁夏盐池西北，西北达新疆阿尔金山。总共77座山，绵延8756千米。

《北山经》中记述的群山，位于今宁夏、新疆、山西、河南、河北、内蒙古等省区及蒙古国境内，其中近四分之一的山的具体位置可以确定。绵延11665千米。

《中山经》主要描写晋南、陕中、豫西、河、渭、伊、洛地区的地理环境。总计天下名山共有2685座，分布在大地之东西南北中各方，一共32043千米。

每一山经的叙述大致都有一定的规律，山名、里程、植物、动物、水系、水生动物、矿产等项是基本的。大量的古代山名、河名对今天历史地理的研究有重要价值。

《五藏山经》全文以方向与道里互为经纬，有条不紊。在叙述每列山岳时还记述山的位置、高度、走向、陡峭程度、形状、谷穴及其面积大小，并注意两山之间的相互关联，有的还涉及植被覆盖密度、雨雪情况等，显然已具备了山脉的初步概念。

《山海经》中的《海内经》和《海外经》，记载了沿海及四海的范围。《海内经》主要记载海中和沿海边远地区；《海外经》记载四

线装全本《山海经》

海之外的国家和地域。《海内经》和《海外经》的记载，反映了古人对世界的概念。在古人心目中，它们共同构成大陆，大陆的四周被海水包围着，四海之外又有陆地和国家，是荒远之地，这些就构成了世界。

■《山海经》插图

《山海经》还记载和描述了一些自然地理现象。例如关于华山的险峻，《山海经》记录为："太华之山，削成四方，其高五千仞，其广十里，鸟兽莫居。"如此果断地抓着华山最重要的特征，形象地反映出华山的地理面貌，堪称我国最早的山岳地理书。

《山海经》在叙述河流时，必言其发源与流向，还注意到河流的支流或流进支流的水系，包括某些水流的伏流和潜流的情况以及盐池、湖泊、井泉的记载。

比如关于河流季节变化，对教水的记述：

教水出焉。西流注于河，
是水冬干而夏流，实惟干河。

教水是一条注入黄河、冬干夏流的季节河。这些记载都是对自然界科学观察的结果，有一定的地理意义。

《山海经》记载众多的原始地理知识，比如南方的岩溶洞穴，北

山海經禺彊神圖　禺虢神圖　兖兹神圖　不廷胡余神圖

■《山海经》中的海神图

方河水季节性变化，不同气候带的地理景观与动植物分布的特点。

《山海经》中已有四极的观念。四极又称为"四隅""四陬"，在古人心目中，世界是有极限的，是可以测量的。这证明它保有较原始的地理认识。

《山海经》记载了多种植物的名称，并对一些植物的形态进行了描述，其中有一部分可以和今天的植物对照出来。如：木本植物中的松、柏、桑、漆、榕、竹、樗、桢等；草本植物中的营、杜衡、门冬、少辛等；果树中的桃、梨、李、杏、梅等。

另外，《山海经》还对植物中的根、茎、枝、叶、花、果等形态给予了描述。这反映了当时植物学的知识已相当丰富。有一些植物还记录了药用功效。如茟荔食之可以医心痛；棕楠食之医疥；凋棠食之医耳聋等。

这样的药用植物记载，在植物地理及中药史上有一定意义。

《山海经》中还出现了动物名称，分别记录了不同种动物。这部分内容，历来就有不同的看法，因为这些名称，今天看来是稀奇古怪的，动物的形态描述

偶蹄类　距今5000万年前的始新世早期，一种称为古偶蹄兽的小动物从踝节类中分化出来，它的距骨除了有类似于奇蹄类那样的近端偶蹄分类滑车之外，远端也呈滑车状而不再是平面。正是这种双滑车的距骨奠定了一种进步的偶蹄类的基础。

也难以令人置信。而且往往见到这些动物时，记录说会有天下大灾等。

但是，若剔除那些荒诞的部分，就是我们熟悉的动物。它们不外乎是猿猴类、偶蹄类、狐犬类、虎豹类、鼠类、飞禽类等动物。出现较多的有麋、虎、豹、牛、鹿、羚羊、犀、兕、象、马等。

现在犀在我国已绝迹了。大象当时分布在中山、南山和西山区域，说明当时气候较今天暖湿。被现代人称为"沙漠之舟"的骆驼在《北山经》里出现过两次。

■ 书中描绘的植物——茴香

《东山经》提到犰狳，是否与南美洲的犰狳相似，这些问题都值得研究。

此外记载的动物还包括鱼类、蛇类、腹足类、两栖类等。这些动

■《山海经》插图

物及其分布区的记载，实际上也是珍贵的科学资料。

《山海经》中有大量的矿物记载。玉出现多次。非金属有垩、雄黄、文石、赭石等10多种。金属有金、铁、银、赤金、赤铜、锡、赤锡等数10种。

在物质资源分布的篇幅中，对于矿产的记载尤其详细，提及矿物产地300余处，有用矿物达七八十种，并把它们分成金、玉、石、土四类。这些都是珍贵的矿产地理资料。

《山海经》还注意到矿物的共生现象，并据其硬度、颜色、光泽、透明度、构造、敲击声、医药性等识别矿物的方法，及详细记述动植物形态、性能和医疗功效。因此，《山海经》在矿物学分类上有突出贡献。

撰写《中国科学技术史》的英国科学家李约瑟说："《山海经》是一个名副其实的宝库，我们可以从中得到许多古人是怎样认识矿物和药物之类物质的知识。"

总之，《山海经》记录了许多地理知识，包括山川、动植物、矿物种类及其分布等知识，在地理学发展史上有着不可忽视的价值。

阅读链接

《山海经》不仅记载的是神话故事，还涉及很多天文地理知识。女娲补天就是其一。

传说水神共工和火神祝融发动战争，结果共工战败，一怒之下，把头撞向不周山，造成天塌地陷。人类面临着大灾难。

女娲目睹人类遭到奇祸，决心炼五色石以补苍天，斩鳌足以立四极。苍天补上了，大地填平了，人民又重新过上了安乐的生活。从此天有些向西北倾斜，因此太阳、月亮和众星辰都很自然地归向西方，又因为地向东南倾斜，所以一切江河都往东南汇流。

地理信息丰富的《管子》

《管子》一书是我国先秦诸子百家中著名的典籍之一。此书托名春秋前期的大政治家管仲所作，保存下了那个时期政治、经济、军事、哲学、医药、地理以及一些自然科学等多方面的内容。

在地理方面，《管子》有《地图》篇、《地员》篇、《度地》篇等有关地图、土壤地理、植物地理、水文地理、采矿，以及根据四季气候安排农事等地理知识。因此，《管子》是一部古代重要的地理著作。

■管仲塑像

■ 管仲

土壤肥力 土壤能供应与协调植物正常生长发育所需的养分和水、气、热的能力。是土壤各种基本性质的综合表现，是土壤区别于成土母质和其他自然体的本质的特征，也是土壤作为自然资源和农业生产资料的物质基础。土壤肥力按成因可分为自然肥力和人为肥力。

《管子》中地理学思想非常丰富。在《管子·地图》篇中，一开头就指出地图在军事上的重要作用以及当时地图中的一些内容。

《地图》篇认为，凡军中主帅，必首先详知地图。盘旋的险路，覆车的大水，名山、大谷、大川、高原、丘陵所在的地方，枯草、林木、蒲苇茂密的地方，道路的远近，城郭的大小，名城、废邑、贫瘠之地及可耕之田等，都必须完全了解。

地形的纵横交错，也必须心中完全有数。然后，就可以行军袭邑，举措先后得宜而不失地利，这都是地图的意义。

这里所叙地图的内容已很丰富，可以表示多种地物，地图的比例、制图的符号，都应该有规范的方法。由此可见，当时的地图制作，如果不进行一定的勘测，恐怕难以完成这样复杂的地图。

《管子》的地形知识也很丰富。地形是构成地理环境的基本要素之一。在我国古代地理知识中，地形知识是一个很重要的方面。

《管子·地员》按照发展农业生产的需要对地形进行了分类，把丘陵分为15种，根据地势逐一加高给以不同的名称，并对其地形特征进行解释。这样详细的分类在古代文献上是少见的。

除丘陵外，《管子·地员》篇把山地农业地貌又分为五种：从山之上至山之侧，具体叙述了五种山地的地形：悬泉、复吕、泉英、山之材、山之侧，这种分类对当时山体认识更加具体。

从地形学上进一步分类并找出其地势特征，《管子》一书算是最为详细的。对山体进行5个层次的分析，这是很有科学意义的。

汉代以后，我国地形类型分类日趋完善，是受《管子》地形思想的影响。所以，《管子》的地形类型的思想，在我国古代地理学上占有重要地位。

土壤和人类生活有着极其密切的关系，当土地成为人类的生产资料以后，我们的祖先就由此开始了对土壤的认识和利用。在先秦文献中，以《管子》对我国古代土壤的颜色、土壤的性质与结构谈得最多也比较全面。

《管子·地员》篇对各种土质结构有生动的描述，讲了六种上等土壤的质地结构，认为有的轻疏、刚强，有的粉解若糠，有的是大块垒，有的稍干即裂，有的坚硬如石，等等。

由此可见，《管子》所讲土壤质地结构不是孤立地讲，而是与土壤肥力紧密结合在一起进行考察，从而阐明土壤与农业生产的重要关系。

《管子》书中还谈到土壤水分、土壤中的

地物 地球表面上相对固定的物体。可分为天然地物和人工地物。如居民地、工程建筑物与构筑物、道路、水系、独立地物、境界、管线垣栅和土质与植被等。在测绘地图中，将分布在地面上的固定性物体，如居民点、道路、水利工程建筑，一般用规定的符号表示在地图上。

■《管子》全集

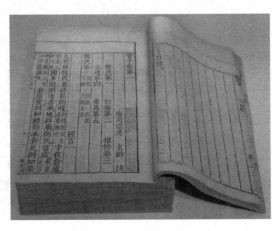

动物及盐碱对植物生长的关系。

　　土壤水分是土壤的重要组成部分，是植物生长必不可少的条件。土壤水分的多寡是古人评价土壤好坏的一个重要标准。《管子·地员》篇认为，土壤性能好，则干而不裂，土中隐含水分，也不会积水过多，无论是高地或低地，土壤排水、保水性能均属良好。

　　土壤中的动物在土壤中所起的作用与农作物生长也有十分重要的关系。古人把土壤中是否有某些动物也作为衡量土壤好坏的一个重要标志。

　　《管子·地员》篇指出，没有脚的豸虫所穴居的土壤是肥沃的，含有机质多。没有足的虫，自然是指蚯蚓。根据现代学者研究可知一条蚯蚓每2至4小时排泄一次。

　　由此可见古人对蚯蚓在土壤中作用的认识是正确的，它是合乎现代自然科学原理的。

　　《管子》还把含盐多的土壤称为"桀土"，不经过土壤改良是很

■耕作土地的农民

难耕种的，故《管子》书中把它列为最差的土壤。

《管子》对矿产分布也有粗略认识。在《管子·地数》篇里说：土地的东西广度19000千米，南北长13000千米。其中山脉4000千米，河流4000千米，出铜的矿山467处，出铁的矿山3690处。

出铁的山比出铜的山多得多，这是符合实际的。反映了春秋战国之际，对铜、铁矿产的广泛开采，在此基础上积累的地理知识。

《管子·地数》篇还对春秋战国时期探矿经验进行总结，认为利用一些矿物共生的特性，先找到指示性矿物的一些明显特征，而后进一步确立贵重金属矿的埋藏地。

古代田园耕作场景

《管子·度地》篇在农业生产和水利事业发展的基础上，对河流提出了早期的分类：

水有大小，又有远近。从山里发源，流入大海的，叫作"经水"；从其他河流中分出来，流入大河或大海的，叫作"枝水"；在山间沟谷，时有时无的，叫作"谷水"；从地下发源，流入大河或大海的，叫作"川水"；由地下涌出而不外流的，叫作"渊水"。

这五种水，都可以顺着它的流势来引导，也可以对它进行拦截控制。

这里把天下的河流依其源泉所出的不同，及流入海、河、江等不同，划分为经、枝、谷、川、渊五种类型。提出对水因其势而利往之

■ 齐国长城遗址

六畜 或称"六牲",是六种家畜的合称,即:马、牛、羊、猪、狗、鸡。我们的祖先早在远古时期,先后选择了马、牛、羊、鸡、狗和猪进行饲养驯化,经过漫长的岁月,逐渐成为家畜。六畜各有所长,在悠远的农业社会里,为人们的生活提供了基本保障。

的治理原则,以及不能久扼,久扼则有危险的思想。

这些都是符合科学道理的,反映了当时河流地理的知识水平。

《管子·度地》篇最早提出国都城址选择的地理条件:建设都城,一定选在平稳可靠的地方,又是肥饶的土地,靠着山,左右有河流或湖泽,城内修砌完备的沟渠排水,随地流入大河。这样就可以利用自然资源和农业产品,既供养国人,又繁育六畜。

同时,都城建设应当是内修"城",外修"郭",郭外筑护城壕;地势高则挖沟,地势低则筑堤。这才配称作牢不可破的城池。

城墙上种植荆棘,使之交错纠结,用来加固城墙。每年都不断地增修,每季也不断增修,使之造福于子孙后代,这关系着人民生命万世无穷的利益,也是对人君的保障。

国都城址的选择,要在较为平坦而肥沃的土地之上。背有大山,左右有河流、泉水或湖泊,还要注意城内可畅通地挖修排水沟，使城内的水顺着地势排入大河。

选择这样的城址就可以充分利用自然资源的农产品来保障城市人口的衣食所需和繁养六畜、发展经济，以吸引更多的人口集中。

有了这些地利和险要条件，还要内筑城、外立郭、郭外挖护城壕，低的地方筑堤防，高的地方挖沟渠。这样系统的城址选择理论，是实际工作的总结，很符合科学道理。

《管子·度地》篇对河流弯曲的现象进行了观察、研究记录：

> 河流弯曲的地方，产生回流，回流和正流汇合，产生旋流，旋流湍激，在河床坡度小的地方，回流转弯平缓。河床高差大则旋流有限强的侧蚀破坏力量，于旋流之后，有的地方流速缓慢，泥沙淤积，造成河道堵塞。日子长了河流就会冲决河道，泛滥成灾。

上述细致地描述了产生河曲的原因及旋流产生的过程。也记述了

■齐国都城遗址

河床坡度不同，对流速、旋流侵蚀能力的影响。

一些地方强烈侵蚀，另一些地方则会沉积。日子长了就产生河曲，甚至引起河床改道。这就记录了河流变迁的过程与规律。

《管子·度地》篇中有关于物候、农日和水利的记载：

在春季3个月份里，天气干燥，是水流细少的时节。此时干涸水少，天气渐暖，寒气渐消，万物开始活动。这时有利于做土工工事，因为堤土会日益坚实。

在秋季3个月份里，山川百泉涌水，大雨降，山洪发，入海路远，水难疏泄，秋雨连绵，天地呈凝合状态。此时应抓紧秋收，使之颗粒归仓。

在冬季3个月份里，天地收闭，万物实熟。此时应补修屋舍，修缮边防城寨，修理城墙道路，调整度量衡，处理狱中罪犯，蓄积草料粮食，以及君主举行娱乐活动和祭神。

由于一年之事全告完成，还应当表彰有功，赏贤惩罪，升迁官吏提高他们的等级。此时不利做土工工事，浪费七成的工费，而土冻难成。

■古代耕作模型

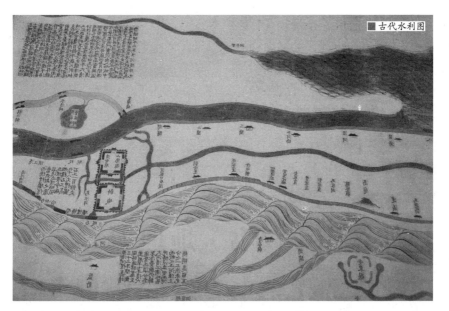
■ 古代水利图

此时昼越短而夜越长，天寒利在室内劳动，甚至在外堂都不适宜。

一年四季之中的气候特点，从农事和工程的角度进行评价，准确而科学。

总之，《管子》在地理学中所取得的成就是多方面的。由于《管子》中探讨了地理学的各个方面，土壤地理学、植物地理学、陆地水文地理学、地形学、采矿学、气候学等具有较全面的地理学思想。因此在我国先秦地理学思想史上占有特殊地位。

阅读链接

管仲是春秋时期齐国著名的政治家和军事家。他早年曾经助齐国公子纠和小白争夺君位，结果小白得胜，即位为齐桓公。齐桓公不计前嫌，经鲍叔牙保举，任其为卿。

管仲在辅佐齐桓公时，对内政外交政策进行全面的改革，制订一系列富国强兵的方针策略。对内分设各级官吏，选拔士子，赏勤罚惰，征赋税，统一铸造、管理钱币，制定捕鱼、煮盐之法；对外采取"尊王攘夷"的外交策略，使齐桓公成为春秋时代的第一个霸主。齐桓公尊管仲为"仲父"。

地理杰作《汉书·地理志》

　　《汉书·地理志》是我国东汉时期的史学家、文学家班固撰写的地理杰作，简称《汉志》。它记录了有关郡国的矿产，以及管理矿产的铁官、铜官、金官、盐官所在的地方，对主要河流、湖海也有较详细的记载。

　　《汉书·地理志》是一篇具有重大价值的古代地理著作。此书是我国封建社会第一部全国性地理著作，也是我国第一部以"地理"命名的著作。不仅首创"地理志"之先河，对于研究西汉的矿产资源的开发情况，同样具有重要意义。

■班固画像

汉代，我国渤海海域曾经发生鲸群游弋和集体自杀事件。据记载，公元前16年春，"北海出大鱼，长六丈，高一丈，四条，皆死"。又记载，公元前4年，"东莱平度出大鱼，长九丈，高一点一丈，七条，皆死"。

这两条记录，均来自班固所著的《汉书·五行志》。文中的北海、东莱平度，都是指今天的渤海湾。汉代的一丈合2.3米。长6丈，即长达13.8米，8丈，即18.4米。这种长达14米至18米，高达2米以上的大鱼，当然只能是鲸。

四条、七条皆死，这是确切的鲸集体自杀记录，是研究科学史特别是历史自然学的宝贵资料。

其实，班固所著的《汉书·地理志》才是他在地理方面的真正首创。此书不仅是我国第一部以"地理"命名的著作，也是历代记述疆域政区的始祖，其中的内容要比《汉书·五行志》丰富得多。

班固自幼聪慧，9岁能诵读诗赋，13岁时得到当时学者王充的赏识。公元47年前后入洛阳太学，博览群书，研究九流百家之言。公元58年，班固向当时辅政的东平王上书，受到东平王的重视。

公元62年，有人向朝廷上书告发班固"私改作国史"。皇帝下诏收捕，班固被抓，书籍被抄。幸得其弟班超上书申述班固著述之意，才免过一劫。

汉明帝了解情况后，很欣赏班固的才学，召他到

■ 古代典籍《前汉书》书影

班固（32年~92年），东汉时期官吏、史学家、文学家。史学家班彪之子，字孟坚，扶风安陵人，位于现在的陕西咸阳东北。除兰台令史，迁为郎，典校秘书，潜心20余年，修成《汉书》，当世重之，迁玄武司马，撰《白虎通德论》。善辞赋，有《两都赋》等。

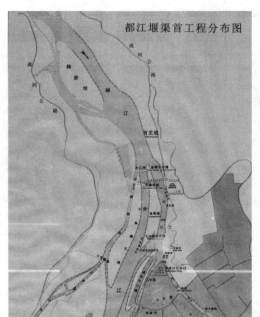

都江堰渠首工程分布图

■ 汉代时期的水利
工程——都江堰图

汉明帝（28
年～75年），汉
明帝提倡儒学，
注重刑名文法，
为政苛察，总揽
权柄，权不借
下。他也致力消
除北匈奴的威
胁。此外，随着
对外交往的正常
发展，佛教已在
西汉末年开始传
入我国。汉明帝
之世，吏治比较
清明，境内安
定，呈现出繁荣
的景象。

校书部，任命他为兰台令
史，掌管和校定图书。兰台
是汉王朝收藏图书之处。

班固从私撰《汉书》到
受诏修史，是一个重大转
折，对于《汉书》的完成是
一个有力的推动。从此，班
固不仅有了比较稳定的生
活，有皇家图书可资利用，
而且有了皇帝旨意，使他著
史的合法性得到确认。

《汉书·地理志》开篇
讲述了从黄帝时期至汉代初期这一段时间的疆域变迁
概况，转录《禹贡》《周礼·职方》的全文。这是对
前代沿革的简单交代。开篇结尾还转录了西汉经学家
刘向的《域分》及东汉史学家朱赣的《风俗》。

《域分》讲分野，即某地对应天上的某个星座，
如"秦地，于天官东井，舆鬼之分野也"。这种分野
的意义，是古代"天地人合一"宇宙观的反映。

《风俗》偏重于经济、物产、风俗习惯、历史沿
革的叙述，分论各地区的地方特点，还涉及部分外国
地理及海上航线。书中关于海南岛的风俗、物产、兵
器等情况，是现存最早的文献资料。

《汉书·地理志》的主体是叙述汉代地理。这部
分以记述疆域政区的建制为主，为地理学著作开创了
一种新的体制，即疆域地理志。由于政区经常改变，

郡国县邑的设置常更迭，因此，讲汉代的疆域政区，必须以一定时期为限。

《汉书·地理志》根据公元2年的建制，以疆域政区为纲，依次叙述了103个郡国及所辖的1587个县、道、邑、侯国的建置沿革。

在郡国项下，都记有户口数字，把这些数字加起来，就能得出公元前10年的全国人口数为595.9万人。这个数字虽不能说十分准确，但它却是当时全国各郡县户口数汇总而成的，具有一定的参考价值。同时，这也是最早的提供全国人口数字的一部史书。

在县、道、邑、侯国的这一项下，则根据地区特点，分别选择有关山川河流、矿藏、物产、经济发展和民情风俗等，各郡写法体例一致，便于对比、查找，为今天研究历史地理，提供了宝贵的史料。

《汉书·地理志》中记载了当时大量的自然和人文地理资料，记载川渠480个，泽薮59个，描述了全国300多条水道的源头、流向、归宿和长度，是《水经注》出现以前内容最丰富的水文地理著作。

其还记载有153个重要山岳和139处工矿物产位置分布情况，有屯田的记录，有水利渠道的建设，有各郡国及首都长安、少数重要郡国治所及县的户数和人口数统计资料113个。是我国

分野 与星次相对应的地域。古人依据星纪、玄枵、降娄、大梁、实沈、鹑首、鹑火、鹑尾、寿星、大火、析木等十二星次的位置划分地面上州、国的位置与之相对应。就天文说，称作"分星"；就地面说，称作"分野"。又称"分界""界限"等，或喻指政治、思想、文化等方面的分歧。

■汉代农业耕作

最早的人口分布记录，也是当时世界上最完善的人口统计资料。

书中有陵邑、祖宗庙、神祠的分布，又具有历史意义的古国、古城及其他古迹记录，有重要的关、塞、亭、障的分布以及通塞外道路的内容等。

《汉书·地理志》中所记载的自然地理、经济地理、人口地理、文化地理、军事交通地理等内容为今天研究汉代的社会提供了丰富而又宝贵的资料。

班固的《汉书》在《地理志》《西域列传》等篇中记载了大量的边疆地理资料。西汉是我国历史上最强盛的王朝之一，幅员辽阔，交通、文化、经济发达。

经过汉武帝时张骞的几次出使西域和汉军的几次出征，开通了"丝绸之路"，对当时西南地区有了一定了解。

此外，西汉时对东南沿海、南海及印度洋的地理也有一定认识。这些在《汉书·地理志》中有丰富的记载。如最早记载了一条从今广东省徐闻西出发到印度南部和斯里兰卡的航海线，对沿途各地的地理

丝绸之路示意图

■古代西域遗迹

现象做了记录。给我们留下了丰富的研究材料。

《汉书·地理志》作为记述疆域政区的始祖，为我国2000年来沿革地理著作树立了规范。在《汉书·地理志》的影响下，后世以论述疆域政区建制沿革为主的著作不断涌现。

自唐代以后编修的历代地理总志，如《元和郡县志》《元丰九域志》和宋代以来大量增加的地方志如各府志、州志和县志等，无不受到《汉书·地理志》的影响。元明清时期的《一统志》等，也都与《汉书·地理志》同为疆域地理志性质的著作。

阅读链接

班固不仅是个史学家，还是东汉前期最著名的辞赋家，著有《两都赋》《答宾戏》《幽通赋》等。尤其是《两都赋》，体制宏大，写法上铺张扬厉，辞藻华丽，风格疏宕，完全模仿司马相如、扬雄之作，是西汉大赋的继续。

同时，这篇作品在宫室游猎之外，又开拓了写京都的题材。后来张衡的《二京赋》、左思的《三都赋》，都受了他的影响。

此外，班固为窦宪出征匈奴纪功而作的《封燕然山铭》，典重华美，历来传诵，并成为常用的典故。

综合性地理巨著《水经注》

　　《水经注》是南北朝时期北魏地理学家郦道元所著，详细介绍了我国境内诸多河流以及与这些河流相关的郡县、城市、物产、风俗、传说、历史等。是我国古代较完整的一部以记载河道水系为主的综合性地理著作。

　　《水经注》文笔雄健俊美，既是古代地理名著，又是优秀的文学作品，在我国的历史文化进程中有过深远影响。

■郦道元雕像

郦道元在任御史中尉时，有个叫丘念的人犯了死罪，他是汝南王的亲信，藏在王府中，郦道元硬是设计把他诱出王府捕获。

汝南王去求太后说情，郦道元顶住太后的压力，最终还是处死了丘念。

这件事表明了郦道元为官刚正，疾恶如仇，而且不惧权贵，甚至皇亲，敢于与恶势力进行斗争。

■ 郦道元画像

其实，郦道元之所以留名史册，倒并不是因为他在政治上的建树，而是他完成了一部重要的著作——《水经注》。

郦道元酷爱读书，他读书范围很广，除了正统的经史子集外，其他方术、医卜、地理、天文类都无不喜读，尤其是文学方面的书。随着见闻的日益增多、知识的日益积累，他经常被一种创作的冲动所左右。

一天，他的一位朋友从南朝回来，给他带来了一本郭璞的《水经注》，他一看大喜过望，接连几天手不释卷。

郭璞是东晋时有名的文学家，《水经》由汉代桑钦所作，是我国古代第一部系统记述全国河流状况的书，文字简略，郭璞为这本书作了注。

郦道元自从有了这本书，总是带在身边，有空就

桑钦 汉代学者、著名地理学家。北魏郦道元所注之《水经》就是他撰写的。《水经》是一部记录我国137条河流的地理专著。后为著名地理学家、文学家郦道元注释为《水经注》。对我国的地理学研究做出了巨大贡献。

■ 古代三门峡场景

翻阅。他似乎从这部书里领会了一些什么。

日有所思，夜有所梦。

一天夜里，郦道元梦见了郭璞，梦中郭璞对他说："我为《水经》作注时，正碰上天下大乱，北方的河流没法详细记录，很是遗憾。如你愿意为这本书重新作注，老朽愿以笔墨相助。"说完就不见了。

郦道元醒来，呆呆地想了很久。从此他的文采大有进步。

这当然都是古人的传说。但有一点却是真的，从此郦道元开始了《水经注》的撰写。

郦道元充分利用在各地做官的机会进行实地考察，足迹遍及今河北、河南、山东、山西、安徽、江苏、内蒙古等广大地区，调查当地的地理、历史和风土人情等，掌握了大量的第一手资料。

每到一个地方，他都要游览名胜古迹、山川河流。凡是他走到的地方，他都尽力收集当地有关的地理著作，并根据图籍提供的情况，考察各地河流干道和支流的分布，以及河流流经地区的地理风貌。

他或跋涉郊野，寻访古迹，追溯河流的源头；或走访乡老，采集民间歌谣、谚语、方言和传说，然后把自己的见闻，详细地记录下来。

同时，他利用业余时间阅读大量古代地理学著作，如《山海经》《禹贡》《汉书·地理志》《水经》等，日积月累，他掌握了许多有关各地地理情况的原始资料，为他的地理学研究和著述打下了基础。

郦道元通过把自己看到的地理现象同古代地理著作进行对照、比较，发现其中很多地理情况随着时间的流逝发生了很大变化。如果不及时把这些地理现象的变迁记录下来，后人就更难以弄明白历史上的地理变化。

郦道元认为，应该对此时的地理情况进行详细的考察，同时查阅古代文献，与古代的地理学著作相印证，将地理面貌的历史变迁尽可能详细、准确地记载下来。

为此，他决定以《水经》为蓝本，以作注的形式终于完成了《水经注》这一地理学名著。

《水经注》归根到底是一部地理学著作，因此它的主要贡献还是在地理学方面。它是大部头全方位介绍全国水流的专书，是一部以河流为纲介绍全国地理的著作。

同时，将野外考察与地理文献研究相结合，这对地理学理论和研究方法的成熟与完善有重大推动作用。此外，《水经注》在文字上十分生动，内容丰富多变，具有相当高的文学水平。

《水经注》研究的主要对象是河流，它在自然地理学上的贡献，首先在河流水文方面。

从河流数量上讲，《水经》原文中只列了137条，而注文中记载的达1252条，多出11倍。对这些河流，《水经注》大多记载了它们的发源、流程和流向，叙述紧扣河流的自然地理特点，对于发源地相近的，注文一般将它们归在一起记述。

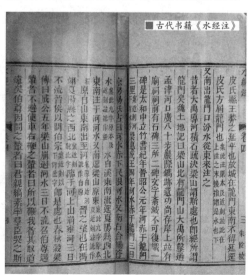

■古代书籍《水经注》

■三峡地貌图

　　如把发源于太行山东、南山麓的清水，及说法不一的即今卫河、沁水，即今沁河、淇水，即今淇河放在一处。对这3条小型河流，郦道元也很认真，分别叙述了各河源头的情况。

　　虽然这3条河发源地相近，但源头情况并不相同，清水源头处于一个地下水丰富的小盆地，沁水上源则由许多支流汇成，而淇水源地由于地形复杂，水源是由山间的一瀑布急流形成的。

　　类似的这些小河并不很有名，郦道元仔细进行研究、记载，对今天研究自然地理和对河流水文的考察都有重要意义。

　　对于河流的整个流程中，《水经注》对河床宽度、瀑布、急流、峡谷等情况都有详细的叙述。比如对岷江上流的记载就很典型：

　　　　两山相对，其形如阙，谓之天彭门，亦曰天彭阙，江水自此已上至微弱，所谓发源滥觞者也。

　　这是岷江最上游的情况。

接着注文分段叙述了流程情况：

> 自白马岭回行二十余里至龙涸，又八十里至蚕陵县，又南下六十里至石镜，又六十余里而至北部，始百许步。又西百二十余里至汶山故郡，乃广二百余步。又西南百八十里至湿坂，江稍大矣。

这样的注文，就把各个河段的长度和宽度交代得很明白。如果用这段珍贵的古代自然地理资料与现代的情况进行比较，那么这一河段在历史上的变化就可以了如指掌了。

峡谷险滩是河流流程中常见的，也是河川研究的对象，《水经注》对这方面的叙述也很丰富。如长江上的三峡、黄河上的龙门、三门、洛水上的伊阙、湘江上的空冷峡等。

全书中记载的峡谷近300处，许多都叙述得绘声绘色，成为著名的散文名篇。比如郦道元的《三峡》就是其中之一：

> 自三峡七百里中，两岸连山，略无阙处；重岩叠嶂，隐

■三峡瀑布图

■古代山川图

地理探究
地学历史与地理科技

天蔽日，自非亭午夜分，不见曦月。

至于夏水襄陵，沿溯阻绝。或王命急宣，有时朝发白帝，暮到江陵，其间千二百里，虽乘奔御风，不以疾也。

春冬之时，则素湍绿潭，回清倒影。绝巘多生怪柏，悬泉瀑布，飞漱其间。清荣峻茂，良多趣味。

每至晴初霜旦，林寒涧肃，常有高猿长啸，属引凄异，空谷传响，哀转久绝。故渔者歌曰："巴东三峡巫峡长，猿鸣三声泪沾裳！"

这段文字是一篇著名的山水之作，以不到区区200字的篇幅，作者描写了三峡错落有致的自然风貌。文章虽短，但展示了祖国河山的雄伟奇丽、无限壮观的景象。

瀑布对河流水文研究也有重要价值。《水经注》共记有60余处，地理位置准确，还记载了不少瀑布的高度。关于瀑布的名称，《水经注》中有很多别称，如"飞波""飞清"等，这是《水经注》在语言文学方面的贡献。

对河流水文的其他要素如含沙量、水位、流速、冰期等，《水经注》也有详细记载。黄河的含沙量世界上罕见，《水经注》上说："河水浊，清澄一石水，六斗泥。"就是说，从河水中提一石水，其中有六斗都是泥沙，可见含沙量是相当大的。

我国北方河流冬季都有结冰期，《水经注》记载黄河"寒则冰厚数丈"，这就是冰层的厚度，还记载了黄河上几个可以采冰的河段。

《水经注》除了记载河流外，还记载了许多湖泊，据统计超过了500处。有大量的淡水湖，如洞庭湖、彭蠡（即今鄱阳湖）；还有一些咸水湖，如蒲昌海，即今罗布泊、内蒙古西部的居延海。对这些湖泊的记载，在湖泊地貌、水文方面都提供了许多资料。

湖泊形成后，在地质循环和生物循环的过程中，总是在不断淤浅，甚至最后变成洼地，这种过程，地理上称为湖泊的沼泽化现象。

结冰期 河流、湖泊等水体从结冰开始到结束的过程称为"结冰期"。结冰期不是以整条河流或湖泊完全封冻为结冰开始，而是自其形成结冰形态为临界判断。我国自秦岭、淮河一线为分界，北方大多数河流都有结冰期，最北以黑龙江流域的结冰期最长。

■古代山川图

《水经注》就记载了田泽消失过程中的情况：

> 泽在中牟县西……东西四十许里，南北二十许里，中有沙冈，上下二十四浦，津流径通，渊潭相接，各有名焉……浦水盛则北注……

田泽是古代有名的大湖，在先秦的《诗经》中已有记载。但由于湖泊的沼泽化过程，到了郦道元著《水经注》的时候已经分化成了24个小湖，文中所谓"沙冈"，即湖底泥沙增多，湖水变浅的现象，是沼泽化的现象，唐宋以后田泽就完全消失了。

湖泊这种由大到小，由整体到分散的过程，具体说明了田泽的湮废过程，《水经注》的翔实记述为我们了解研究湖泊沼泽化过程提供了很有价值的数据。

《水经注》中对地下水的记载也很丰富，共记述了泉水200多处，温泉38处。还记载了分布在各地的水井，对了解古代地下水位很有参考价值。

《水经注》对动植物地理也有许多记载。全书记载的植物达140余

北魏刺绣

种，包括在我国常见的温带亚热带的森林，也有西北干旱地区的草原、荒漠植被，还记载了我国南方和现在中南半岛的热带森林自然景观。

井盐

《水经注》记载的动物有许多已在我国绝迹或在分布上有很大变化，使我们更便于研究古今动物地理分布的变迁。

如《水经注》中记载了一种称为"水虎"的动物，就是今天的扬子鳄，当时还可在今汉水中看到，可现在的扬子鳄只有在长江下游的少数地方还有少量分布。扬子鳄分布地区呈现出逐渐退缩的状况，数量也大减，因此我们就更要保护它了。

《水经注》在人文地理学方面也有诸多记载。

郦道元很重视农业生产，而农业生产与水的关系极其紧密。《水经注》中处处体现着郦道元对农田水利的重视。对许多大型设施的记载都很详细。

在重视农业的同时，《水经注》也留下了手工业的珍贵资料。

书中记载手工业的门类比较齐备：采矿、冶金、纺织、造纸、食品等。还记载了能源矿物，如石油、天然气、煤，金属矿物如金、银、铜、铁、锡等，非金属矿物，如硫黄、盐、云母、石英等，对它们的分布和用途都有介绍。

在所有手工业中记载最多的是制盐业。古代盐是关系民生的大事，所以郦道元很重视。《水经注》中记有海盐、池盐、井盐、岩盐等多种。

卷第三十三篇中记载了四川井盐的位置、数量，并说"粒大者方

■古代丝绸之路示意图

丝绸之路示意图
The Map of Silk Road

寸，中央隆起……有不成者，形亦必方，异于常盐矣"。可见四川井盐的质量是较高的。

卷第六篇《涑水注》记载了当地的池盐。池盐在今山西省西南的安邑一带。从先秦时代开始，这种池盐就行销中原广大地区，有的商人就靠贩运池盐发家致富。

这里的产量相当稳定。而且提取方便，所谓"水出石盐，自然印成"，所以长盛不衰。

《水经注》的记载与其他史书的记载互相映照，不难看出，安邑池盐在中原地区占有重要的地位。《水经注》把汉代与北魏盐池做了比较，这种资料是很珍贵的，对我们今天如何更好地利用盐池也有现实意义。

《水经注》对沿海盐场的分析和采制也记述得很普遍，卷第九篇记载了今渤海沿岸的盐场。全书共记盐矿、盐场20多处，包括了当时国内的著名盐产地，有的地方还带述了境外的岩盐。

在陆路交通并不很发达的古代，水运是很便捷的交通方式。《水经注》所记河道，大多都涉及航运。而峡谷、险滩就成为航道中的险段。

如卷四记黄河在砥柱山以下，"合有十九滩，水流迅急，势同三峡，破害舟船，自古所患"。卷第四十篇记浙江在寿昌，"建德八十里中有十二濑，皆峻险，行旅所难"。

《水经注》对陆路交通也同样重视，书中记载了当时许多国际陆路通路：

卷第一篇的葱岭、天竺道通向北印度、中亚地区；卷第三篇的鸡鹿塞道通向漠北草原；卷第二十七篇的通关势为沟通关中和汉中的要道；卷第三十六篇记述了现在云南省曲靖县境内一段叫降的道路："降贾子，左担七里。"

这里的商贩为走山路，要用肩担走七里不能换肩。"左担七里"，只4个字就把山路的险窄勾勒出来了。

大量水陆交通道路必然形成许多道路交叉点，注文中相应出现了大量的桥梁和津渡，共达200多处。《水经注》中出现的桥等形式很多，有石拱桥、木桥、索桥、浮桥等。

比如卷第十九篇《渭水注》记载了宏大的秦渭桥：

> 秦始皇做离宫于谓水南北……南有长乐宫，北有咸阳宫，欲通二宫之间，故造此桥，广六丈，南水三百八十步，六十八间，七百五十柱，百二十二梁。

岩盐 化学成分为氯化钠，晶体都属等轴晶系正八面体晶类的卤化物。单晶体呈立方体，在立方体晶面上常有阶梯状四陷，集合体常呈粒状或块状。石盐是典型的化学沉积的矿物。在盐湖或泻湖中与钾石盐和石膏共生。石盐可作为食品调料和防腐剂，是重要化工原料。

■青山绿水图

■古代桥梁

即使在今天看来，这也是一座大桥。

城市是人口集中居住区，郦道元自不会放过。全书共记县以上城市近3000座，古都达180座，其中大部分在今天已经成为遗址。

郦道元对古都的记载最为详尽。卷第十六篇注文中竟用7000字的篇幅来详细描述当时北魏的都城洛阳。对古都长安、邺都也有详尽描述，其他的古都还有平城、成都等。

《水经注》还记载了国外的城市。郦道元没到过国外，有关记载都是从《林邑记》中抄录的。现在《林邑记》早已散失了，这段文字就成为记载这两个城市的唯一古代材料，对研究越南古代历史有重要参考价值。可见，《水经注》的价值已远远超过了地理学的范围。

郦道元生活在战争频发的年代，他虽反对不义之争，但并不是消极地反对。《水经注》中也保留了大量军事地理的资料。

郦道元常把在战争中发生重大作用的自然地理、人文地理要素如河流、桥梁、道路、津渡等进行军事上的评价，这种做法在以前还不多见，对后代的军事地理学者有很大影响。

《水经注》对地名学的贡献也很大。地名学是一门研究地名的学科，它研究地名的形成、发展变迁，以及地方命名的原则和得名的渊源。在《水经注》以前的古地理书中已经出现了许多地名，但与《水经注》相比都只能望其项背。《水经注》中记载的地名据统计达2万左右，这是前所未有的。

河流地名是各类地名中最多的，占全书地名的五分之一。江在古代专指长江，河专指黄河，这是专称，后来都成为通称。北方河流后来多称"河"，而南方河流多称"江"，其他河流称"水"，人工开凿的河流又多称为"渠"。

《水经注》还担负着解释地名的工作，它解释的地名共达2400处。其内容非常丰富多彩，可谓洋洋大观。自《水经注》以后，对地名渊源的研究分析，逐渐成为我国一切地理书中的必备内容。《水经注》的贡献尤为卓著，丰富了地名学的研究内容。

总之，《水经注》不仅是一部具有重大科学价值的地理巨著，而且也是一部颇具特色的山水游记。《水经注》是6世纪前我国第一部全面、系统的综合性地理著述。对于研究我国古代历史和地理具有重要的参考价值。

阅读链接

郦道元在写《水经注》时，对不少地理书中的错误也进行了纠正。比如《水经》原文讲有一条叫浿水的河流是在今朝鲜半岛上的河流。其实由于地势的关系，在朝鲜半岛许多河流都是西流入海的，一些学者不了解实情，生套我国河流多东流的定式，所以出了这个错误。

郦道元没有轻信原文，他访问当时朝鲜半岛上的高句丽到北魏来的使者，最后求得实际证据，在《水经注》中纠正了原文中的错误。这也是对其他古书中这个错误的纠正。

考证山水的《徐霞客游记》

徐霞客一生几乎没有停止旅游，并详细记录途中所见，以日记体写成的我国地理名著《徐霞客游记》，是地理学家和考古学家不可多得的研究材料。

《徐霞客游记》写有天台山、雁荡山、黄山、庐山等名山游记17篇和《游黄山日记》《游庐山日记》等著作，主要是对旅行观察所得，对地理、水文、地质、植物等现象，均做了详细记录，在地理学和文学上卓有成就。

■徐霞客雕像

徐霞客是明代地理学家、旅行家和探险家。幼年喜爱读历史、地理和探险、游记之类的书籍。这些书籍使他从小就热爱祖国的壮丽河山，立志要遍游名山大川。

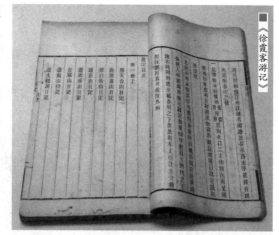

徐霞客19岁时，父亲病故。3年服孝期满，徐霞客萌发了外出游历的想法。而贤德的母亲也认为好男儿志在四方，不愿自己的儿子像篱笆里圈着的小鸡，车辕上套着的小马一样被束缚而没有见识和出息。对徐霞客的决定给予了极大的支持和鼓励。

徐霞客从22岁开始外出旅游，历经34年，直至生命结束为止。正是这些长期而丰富的经历，使他获得了宝贵的第一手材料，写成了我国著名的地理著作《徐霞客游记》。

他先后游历了大半个中国，足迹遍于华东、华北、中南、西南。包括今江苏、浙江、安徽、福建、山东、河北、山西、陕西、河南、江西、广东、广西、湖南、湖北、贵州及云南16个省，遍及北京、天津、上海3市。

踏遍泰山、普陀、天台、雁荡、九华、黄山、武夷、庐山、华山、武当、罗浮、盘山、五台、阻山、衡山、九嶷等名山。

游尽太湖、岷江、黄河、富春、闽江、九鲤湖、钱塘江、潇水、湘水、郁江、黔江、黄果树瀑布、盘江、滇池、洱海等胜水。

在漫长的旅途当中，徐霞客为了考察得准确、细致，大都步行前进。披星戴月、风餐露宿，对于所遇的险阻，他都以顽强的斗志去克

■ 徐霞客游历艺术画

服，而且无论身体多么疲惫、条件多么恶劣，他都每天坚持写日记。

这些旅游日记记录了他的旅途经历、考察的情况以及心得体会，给后人留下了宝贵的地理材料。

徐霞客很重视标本的研究价值。他在武当山等地冒险采集了榔梅；在尚山采集了当地一种形似菊花的特产——金莲花；在五台山采集了天茶花等珍稀名贵植物；在玛瑙山上采集了"石树"；在蝴蝶泉边采集了花树的枝叶。

在云南腾越，徐霞客为了把一个岩洞看个明白，冒死攀登上悬崖；在湖南茶陵时，独闯传说中神秘的麻叶洞；在广西融县真仙岩，徐霞客为了探索一个岩洞，竟从一条横卧的巨蟒身上跨过进到洞内。

徐霞客对科学研究有着无所畏惧的精神。他喜欢猎奇，可以说是"闻奇必探，见险必截"。

标本 持实物原样或经过整理，供学习、研究时参考用的动物、植物、矿物。标本大致可分为：兽类标本、鸟类标本、鱼类标本、昆虫类标本、植物标本、骨骼标本、虾蟹类标本、化石类标本等。制作标本以写实为基础，注重于原始的模型的运用。

每遇到古洞、名刹、温泉、飞瀑、奇峰、深林、幽皇等奇异景观，他都把安危置之度外，只求一览"庐山真面目"。他在自己的记录中说："亘古人迹未到之处，不惜捐躯命，多方竭虑以赴之，期于必造其域，必穷其奥而后止。"

　　他还经常和鬼神迷信作斗争。云南地方上有一本《鸡山志略》，书中记载了五台山、峨眉山和鸡足山等地的"放光瑞影"现象，这种五彩光圈通常被社会上认为是"佛光"或"宝光"。

　　徐霞客则从地形环境的角度，解释了出现这种自然现象的原因，驳斥了迂腐的迷信说教，这也表现了他的唯物主义自然观。

　　28岁那一年，徐霞客来到浙江温州攀登雁荡山。他想起古书上说其山顶有个大湖，就决定爬到山顶去看看。

　　当他艰难地爬到山顶时，只见山脊笔直，简直无处下脚，怎么会有湖呢？但他仍不肯罢休，继续前行到一个大悬崖，路没有了。

雁荡山风光

　　他发现悬崖下面有个小小的平台，就用一条长长的布带子系在悬崖顶上的一块岩石上，抓住布带子悬空而下，到了小平台上才发现下面是百丈深渊，无法下去。他只好吃力地往上爬，准备爬回崖顶。

　　爬着爬着，带子断了，幸好他机敏地抓住了一块突出的岩石，不然就会掉下深渊，粉身碎骨。徐霞客把断了的带子接起来，又费力地向上攀援，终于爬上了崖顶。

■黄山徐霞客题词

还有一次，徐霞客去黄山考察，途中遇到大雪。当地人告诉他有些地方积雪有齐腰深，看不到登山的路，无法上去。但徐霞客不听劝阻，他拄了一根铁杖探路。

上到半山腰，山势越来越陡。山坡背阴的地方最难攀登，路上结成坚冰，又陡又滑，脚踩上去，就滑下来。他就用铁杖在冰上凿坑。脚踩着坑一步一步地缓慢攀登，终于爬了上去。

山上的僧人看到他都十分惊奇，因为他们被大雪困在山上已经好几个月了。

徐霞客还走过福建武夷山的3条险径，这就是大王峰的百丈危梯、白云岩的千仞绝壁和接笋峰的"鸡胸""龙脊"，可谓处处险象横生，步步惊心！

1636年，徐霞客年届50岁。他立志考察西南地貌，跋涉"蛮荒"。便于这一年的农历九月十九深夜，辞别亲友，放足万里。同行的有静闻和尚和顾姓仆人。

静闻是江阴迎福寺僧人，曾刺血写成《法华经》一部，愿供于云南的鸡足山。

他们取道浙江，越江西、湖南、广西、贵州去云南。于1637年农历二月二十夜泊湘江新塘，同船还有其他几个客人。

这天夜里，静夜中有女子的哭声从岸边传来，僧人心不能忍，就下船去劝说那女子。等他回到船上不久，一群盗贼尾随杀了过来。

徐霞客由于长年履足山川大河，早已锻炼得身手敏捷。他见势不妙，跃身跳入水中逃生。只身逃到远处的一条小舟上，被一个姓戴的客人搭救。盗贼不仅抢劫，还用刀枪乱刺客人。

第二天，徐霞客找到静闻与仆人，仆人受了枪伤。后来他们才得知，同船的一位客人在这次劫难中死去，几天后，尸体在下游找到。

徐霞客此时身无分文，便进城找到一个同乡金祥甫求助，并寄住在他家。遭此一劫，徐霞客并未气馁，不曾放弃游历的志向。通过一些朋友的帮助，并以家乡1.3公顷田租为代价，换来重新上路的川资。

不久，静闻病死于广西南宁崇善寺。徐霞客背负静闻遗骨，与顾姓仆人分担行李，历时一年余，经贵州到达云南的鸡足山悉檀寺，供

■黄山"佛光"

上了静闻刺血写成的《法华经》，替他完成了遗愿。

后来，徐霞客在僧人们的帮助下继续考察，主要活动于崇山峻岭。山中无粮，就以野菜野果为生；无处投宿，就以山洞树林为家。

攀绝壁，涉洪流，探历100多个石灰岩溶洞，认真记载。由此，他成为世界上对这一带石灰岩地貌进行大规模考察，并做详细记录和深入研究的第一人。

接着，徐霞客又横穿云南，对金沙江、澜沧江、丽江等诸水流实地调查勘测，写成《溯江纪源考》和《盘江考》，详细论证长江和盘江的水源，肯定金沙江为长江上源，纠正了儒家经典《禹贡》以岷江为长江源之谬。

此外，徐霞客还远抵云南边陲腾冲，对有地下热能表现的地区进行寻访。直至患了足疾，还应丽江知府木生白之请，在此驻留，帮修《鸡足山志》4卷，历3个月告成。

徐霞客经过30多年考察，最后撰成了60万字的《徐霞客游记》，开辟了地理学上系统观察自然、描述自然的新方向。它既是系统考察

■鸡足山风光

祖国地貌地质的地理名著，又是描绘华夏风景资源的旅游巨篇，还是文字优美的文学佳作，在国内外具有深远的影响。

《徐霞客游记》在地理学上有四个方面的重要成就：

其一，徐霞客是我国和世界广泛考察喀斯特地貌的卓越先驱。他对喀斯特地区的类型分布和各地区间的差异，尤其是喀斯特洞穴的特征、类型及成因，有详细的考察和科学的记述。

仅在广西、贵州、云南省区，他亲自探查过的洞穴便有270多个，而且一般都有方向、高度、宽度和深度的具体记载。徐霞客关于喀斯特地貌的详细记述和探索，居于当时世界的先进水平。

■黄果树瀑布

其二，纠正了文献记载的关于我国水道源流的一些错误。如否定自《尚书·禹贡》以来流行1000多年的"岷山导江"旧说，肯定了金沙江是长江上源。

正确指出河岸弯曲或岩岸水流之处冲刷侵蚀厉害，河床坡度与侵蚀力的大小成正比等问题。对喷泉的发生和潜流作用的形成，也有科学的解释。

其三，观察记述了很多植物的生态品种，明确提出了地形、气温、风速对植物分布和开花早晚的各种

悉檀寺 在满月山下，大龙潭上，背靠石鼓峰。1617年，丽江土知府木增为母亲求寿，向朝廷奏准在鸡足山建寺，捐银数万两，延请高僧释禅住持创修，并在寺的大门内建万寿殿，表示祝国诚心。1624年，命僧人入京请藏，明天启皇帝御赐藏经，题寺名为"祝国悉檀寺"。

影响。

其四，调查了云南腾冲打鹰山的火山遗迹，科学地记录与解释了火山喷发出来的红色浮石的质地及成因；对地热现象的详细描述在我国也是最早的。对所到之处的人文地理情况，包括各地的经济、交通、城镇聚落、少数民族和风土文物等，也做了不少精彩的记述。

值得一提的是，《徐霞客游记》在文学上也形成了自己的特点。写景记事，悉从真实中来，具有浓厚的生活实感；写景状物，力求精细，常运用动态描写或拟人手法，远较前人游记细致入微；词汇丰富，敏于创制，不落窠臼；寓情于景，情景交融，同时注意表现人的主观感觉；通过丰富的描绘手段，使游记表现出很高的艺术性，具有恒久的审美价值。

此外，徐霞客在记游的同时，还常常兼及当时各地的居民生活、风俗人情、少数民族的聚落分布、土司之间的战争兼并等情事，多为正史稗官所不载，具有一定历史学、民族学价值。

阅读链接

徐霞客15岁那年，应过一回童子试，没有考取。父亲见儿子无意功名，也不再勉强，就鼓励他博览群书，做一个有学问的人。

徐霞客的祖上曾经修筑一座万卷楼来藏书，这给徐霞客博览群书创造了很好的条件。他读书非常认真，凡是读过的内容，别人问起，他都能记得。

家里的藏书不能满足他的需要，他还到处收集没有见到过的书籍。他只要看到好书，即使没带钱，也要脱掉身上的衣服去换书。博览群书，对他取得地理成就提供了丰富的养料。